한 번만 읽으면 확 잡히는

중등 미디어 문해력

정형근 이귀영 지음

한울

머리말

    누구나 한 번쯤은 시험 문제지를 받고 당황했던 경험이 있을 것입니다. 평소에 공부한 내용인데도 모르는 말이나 낯선 말로 표현되어, 문제를 이해하거나 답을 찾아내기 어려웠던 적이 있겠지요. 또 수행평가에서, 자기 생각을 표현할 만한 문구를 정하지 못해 고생한 경험도 있을 거예요. 친구들과 온라인으로 메시지를 주고받다가, 친구가 보낸 메시지의 뜻을 잘못 이해하는 바람에 오해를 빚은 적도 있을 테고요. 이처럼 우리는 생활하면서, 어휘의 의미를 정확히 모르거나 맥락을 분명하게 파악하지 못한 탓에 이런저런 어려움을 겪게 됩니다. 이는 모두 문해력(文解力)의 문제와 관련이 깊습니다.

    여러분 가운데 교과서를 읽지 못하는 사람은 없겠지요. 세계적으로 뛰어난 문자인 한글과 높은 교육열 덕분에, 우리나라의 '문해율(글을 읽고 쓸 수 있는 능력)'은 99%에 달합니다. 그렇지만 '글을 읽고 쓸 수 있는 능력'이 곧 '글의 내용을 이해하고 사용할 수 있는 능력'을 의미하는 것은 아니에요.

유네스코(UNESCO)에서는 문해력을 '글을 읽고 쓰는 기초 능력'인 '최소 문해력'과 '글을 이해하고 사용할 수 있는 능력'인 '기능적 문해력'으로 구분하고 있습니다. 한국교육방송(EBS)에서 방영한 '당신의 문해력'이라는 프로그램의 조사에 따르면, 우리나라 중3 학생 가운데 약 10%만이 교과서를 읽고 스스로 공부하는 능력이 있다고 해요. 우리나라 학생들이 '최소 문해력'은 갖추고 있지만, '기능적 문해력'에는 취약하다는 사실을 여실히 보여주는 대목이지요. 그렇다면 글을 읽고 쓸 줄만 알면 그만이지, 왜 글을 이해하고 사용하는 능력까지 필요한 것일까요?

지금 우리는 다양한 분야의 지식과 정보가 폭발적으로 증가하는 시대에 살고 있습니다. 이런 시대에, 문해력은 새로운 정보와 지식을 올바르게 받아들일 수 있는 안목을 제공합니다. 그리고 다양한 과목을 공부하는 학생들에게 필요한 기초적인 이해력을 제공하지요. 다시 말해서 문해력은 우리가 알아야 하거나 알고 싶은 것을 바르고 정확하게 해석하고, 이를 바탕으로 우리의 생각을 표현하는 데 꼭 필요한 능력이에요. 글을 읽고도 그 의미가 무엇인지 잘 모르거나, 머릿속에서 맴도는 생각을 표현하는 데 어려움을 느낀다면 문해력이 부족한 것이라 볼 수 있습니다.

또 우리는 폭발적으로 증가한 지식과 정보가 미디어(매체)를 통해 공유되고 재생산된다는 점에 주목해야 합니다. 미디어를 통해 수많은 지식과 정보가 수용·생산되므로, 미디어를 이해하고 사용할 수 있는 능력인 '미디어(매체) 문해력'이 그만큼 중요해진 것이지요. 미디어 문해력은 단순히 정보를 소비하는 데 그치지 않고, 정보를 비판적으로 수용하고 능동적으로 생산하는 능력을 의미해요. 디지털 미디어 시대를 살아가는 만큼, 미디어를 잘 읽고 잘 쓰는 능력을 기르는 데 관심을 기울여야 합니다.

2025년부터 적용되는 2022 교육과정은 미디어(매체)의 문제를 처음으로 다루고 있습니다. 이 책은 2022 개정 교육과정에 신설된 매체 영역의 내용을 충실히 담아냈어요. 앞서 간행된 『한 번만 읽으면 확 잡히는 중등 문해력 〈읽기〉』, 『한 번만 읽으면 확 잡히는 중등 문해력 〈쓰기〉』의 후속편으로, 우리 삶의 일부가 된 미디어를 읽고 쓰는 방법인 '미디어 문해력'을 다루고 있지요.

디지털 교과서나 디지털 기기를 활용한 학교 수업이 늘어나는 요즘, 이 책은 여러분이 미디어를 올바르게 이해하고 사용하는 데 훌륭한 길잡이가 되어줄 것입니다. 현재 중학교 교육과정에는 카드뉴스나 영상을 만드는 등의 미디어 제작 활동이 많이 포함되는데, 수행 평가로 진행하는 미디어 제작에 어려움을 느끼는 학생이 적지 않습니다. 그럼에도 학생을 대상으로 미디어 제작을 상세하게 설명한 책은 매우 드물지요. 여러분은 이 책을 통해 미디어에 효과적으로 접근하여 미디어를 바르게 읽어내는 방법은 물론, 다양한 미디어 자료를 제작하여 자기 생각을 효과적으로 표현하는 방법, 직접 제작한 미디어 자료를 공유하고 소통하는 방법 등을 배우게 될 것입니다.

　모쪼록 이 책이 미디어를 읽고 쓰는 능력, 곧 미디어 문해력을 기르는 데 많은 도움이 되길 바랍니다. 나아가 여러분이 미디어를 바르게 활용하면서, 건전한 민주시민으로 거듭나기를 기원합니다.

정형근, 이귀영

contents

Part 2. 미디어를 분석하고 비판적으로 읽어요

Part 4. 미디어에서의 소통과 성찰이란 무엇일까요?

Part 1. **미디어와 문해력에 대해 알고 있나요?**

미디어의 역사와 기능을 알아봐요

문해력에 대해 알아봐요

하진: (스마트 패드로 영상을 시청하다가 하영이 들어오는 것을 보고) 언니, 지금 왔어?

하영: 아, 우리 동생 오늘도 열심히 달리고 있구나~.

하진: 흐흐, 열심히 달리는 게 아니라 열중해서 보고 있는 거지.

하영: (웃으며) 내가 보기에 우리 하진이는 중독된 것 같은데?

하진: 중독이라니, 과몰입이라는 세련된 단어 몰라?

하영: 그런데 하진아, 너는 스마트 패드가 뭐가 그리 좋냐?

하진: 음, 여러 가지가 있지. 내가 좋아하는 음악을 들으며 따라 부를 수도 있고, 게임도 할 수 있고.

하영: 다 노는 거랑 관련된 것이네.

하진: 아냐. 친구들과 소식을 주고받을 수도 있고, 숙제하는 데 필요한 정보도 얻을 수 있지.

하영: 친구들과 소식을 주고받는 것이야 그렇다 쳐도, 숙제에 필요한 정보를 얻는 건 책이 낫지 않니?

하진: 아니라고요. 도서관에서 내가 원하는 정보를 담은 책을 찾기도 힘들뿐더러, 그런 책이 별로 많지도 않고.

하영: 하기야 인터넷에 들어가면 어마어마한 정보를 얻을 수 있으니 그렇긴 한데. 하진아, 그러면 그 많은 것 중에 필요한 정보는 어떻게 선택하니?

하진: 음, 솔직히 많을수록 좋을 줄 알았는데 그것도 고민되더라고. 그래서 그냥 추천이나 조회 수가 많은 자료를 택하는 편이야.

하영: 그것도 나쁘진 않지만 아주 현명한 방법은 아닌 것 같다. 많은 사람의 관심을 받는다고 해서 꼭 그것이 사실이라고 할 수는 없잖아?

하진: 맞아, 그래서 가끔은 고민이 되긴 해. 그런데 딱히 어떻게 해야 할지 모르겠어!

하영: 그래서 말인데, 편리하다고 무작정 이용하지만 말고 미디어가 무엇인지 알고 이용하면 좋지 않을까?

하진: 미디어? 미디어가 도대체 뭔데? 매체는 또 뭐고?

하영: (한숨을 쉬며) 네가 숨 쉬는 것 다음으로 많이 이용하는 게 미디어야. 매체는 미디어를 우리말로 옮긴 것이고.

이런 대화 장면은 학생이 있는 집에서 흔히 발견되는 모습인데요. 2022년 한국언론진흥재단은 십 대 청소년들의 미디어 이용 실태에 관한 연구 결과, 십 대 청소년들이 하루에 8시간 이상 미디어를 이용한다고 발표했어요. 이는 청소년들이 하루에 잠자는 시간과 거의 맞먹는 수준이에요.

이 연구 결과로, 우리나라 십 대 청소년들은 학교에서 보내는 시간을 제외하면 잠을 자거나 미디어 생활을 하거나 둘 중의 한 가지 일을 한다고 볼 수 있습니다. 그런데 요즘은 학교에서도 미디어를 활용한 수업을 많이 진행하고 있지요. 따라서 하루의 1/3을 차지하는 학교생활에서 밥을 먹거나 쉬는 시간을 제외하고 6시간 정도 수업을 듣는다고

휴대전화를 이용하는 여러 가지 상황

생각할 때, 사실 우리나라 청소년들의 미디어 이용 시간은 8시간보다 많다고 볼 수 있어요.

그렇다면 청소년들은 하루의 1/3이 넘는 시간 동안 어떻게 미디어를 이용하고 있을까요? 하진이의 말처럼 자료를 찾아 숙제하는 데 도움을 받기도 합니다. 하지만 대부분은 친구와 정보를 주고받거나, 음악을 들으며 따라 부르거나, 자신의 관심사를 다룬 개인 인터넷 방송을 시청하는 때가 많습니다. 미디어에는 청소년들의 다양한 관심사가 반영된 재미난 내용이 많기 때문이지요. 도대체 미디어가 무엇이기에 그토록 우리나라 청소년들의 마음을 사로잡았을까요?

평소에 우리는 무의식적으로 들이쉬고 내뱉는 공기의 소중함을 느끼지 못합니다. 그러다가 황사나 미세먼지가 심해지면, 평소에 들이마시는 공기의 소중함을 느끼곤 하지요. 미디어도 마찬가지예요. 우리는 무의식적으로 들이마시는 공기처럼 미디어를 이용하고 있으며, 평소에는 그 고마움이나 위험성에 대해 느끼지 못합니다.

신선한 공기는 우리의 폐를 건강하게 하지만, 오염된 공기는 우리의 건강을 해칩니다. 마찬가지로, 우리가 편하고 재미있다고 해서 미디어가 전달하는 오염된 정보를 무작정 받아들인다면 그 정보는 우리의 몸과 마음을 망가뜨리고 말 거예요.

지금부터 미디어(매체)란 무엇이고, 어떻게 미디어(매체)를 수용하고 이용하는 것이 바람직한지 살펴보겠습니다. 이 책을 다 읽고 나면, 여러분 또한 슬기롭게 미디어(매체)를 이용할 수 있는 사람으로 거듭나 있을 거예요.

미디어의 역사와 기능을 알아봐요

미디어란?

하진: 언니, 오늘 학교에서 미디어에 대해 배웠거든. 근데 그게 그거 같아서, 서로 뭐가 다른지 잘 모르겠어.

하영: 아, 미디어에 속하는 것들이 헷갈리는구나.

하진: 헷갈리기보다 이것도 미디어, 저것도 미디어라잖아. 모두가 미디어라면 뭐 하러 나눌까 싶기도 하고.

하영: (약간 움찔하며) 듣고 보니 네 말이 틀린 건 아니네!

하진: 비둘기나 봉화 같은 것이 미디어 역할을 했다는 건 알겠거든. 근데 사람도 미디어라니, 알다가도 모르겠어.

하영: 음, 한쪽의 생각이나 감정을 다른 쪽으로 전달해 주는 모든 것이 미디어에 속하기 때문이지.

하영이의 말처럼 '한쪽의 생각이나 감정을 다른 쪽으로 전달해 주는 것'을 매체, 즉 미디어라고 합니다. '미디어'와 '매체'는 같은 말인데, '미디어'를 우리말로 옮긴 것이 '매체'예요. 다시 말해, 미디어(매체)란 사람들이 생각이나 정서, 다양한 정보와 지식 등을 전달하고 공유하도록 해주는 것이라고 할 수 있어요. 책, 신문, 라디오, 텔레비전, 컴퓨터, 스마트폰과 같이 우리의 일상을 채우고 있는 다양한 의사소통 도구가 바로 미디어에 속합니다.

하진: 그건 그렇다고 쳐. 근데 휴대전화도 미디어고, 휴대전화에 담긴 내용도 미디어고, 내용이 실린 플랫폼도 미디어라니, 도대체 뭐가 뭔지 모르겠어.

하영: 이해해. 나도 처음에는 헷갈렸거든.

하진: 휴대전화는 내용을 전달하는 도구니까 미디어라는 것이 이해가 돼.

하진이의 말처럼 휴대전화라는 기기도 미디어고, 휴대전화에 담긴 내용도 미디어고, 내용을 주고받는 공간인 플랫폼도 미디어에 속합니다. 따라서 미디어는 다음과 같이 정리할 수 있어요.

콘텐츠	동영상, 음악, 사진, 게임, 뉴스와 같이 어떤 내용을 담고 있는 것
기기	콘텐츠를 이용할 수 있는 텔레비전, 컴퓨터, 스마트폰 등과 같은 기계나 기구
플랫폼	포털 사이트나 온라인 동영상 서비스, 메신저 서비스 등과 같이 이용자가 콘텐츠를 만나는 곳

하진이의 말처럼, 휴대전화와 같은 기기가 미디어임은 쉽게 이해할 수 있습니다. 그런데 플랫폼이 미디어라는 것은 어떻게 이해하면 좋을까요?

하영: 그런 면에서, 전달 내용이 머물렀다 가는 플랫폼도 미디어라는 것이 이해가 되니?

하진: 아니, 언니한테 그걸 물어보려 했어. 플랫폼이 뭐야?

하영: 하진아, 지난봄 여행 때 승강장에서 기차를 기다린 적이 있었잖아. 승강장이 떠나는 사람과 차에서 내린 사람이 잠시 머물다 가는 공간이라는 말은 이해가 되니?

하진: 근데, 그게 뭐 어때서? 떠날 사람은 떠나고 돌아올 사람은 돌아오는 것이 인생 아닌가?

하영: 오, 초등학생 입에서 '인생'이라는 말이 나오다니 왠지 느낌이~. 그런데 하진아, 승강장에서 가게가 있는 것 봤지? 승강장은 사람이 차를 타고 내리는 곳이기도 하지만, 거기서 승객들과 상인들이 물

건을 사고팔기도 하잖니!

하진: 맞아, 봄 여행 때 내가 배고프다고 하니까 아빠가 호두과자 사주셨잖아!

하영: 그래, 하진아. 승강장에서 승객과 상인이 거래를 할 수 있듯이, 정보 또한 플랫폼을 통해 주고받을 수 있어.

하영이와 하진이의 대화에서 알 수 있는 것처럼, 기차 승강장이 상품을 주고받는 공간이듯이 플랫폼은 여러 정보를 주고받는 공간을 뜻해요. 기자가 어떤 기사를 썼을 때 독자는 종이신문으로 그 기사를 볼 수도 있지만, 네이버나 다음과 같은 플랫폼에 올라온 기사를 볼 수도 있습니다.

이처럼 플랫폼은 정보가 공유되고 소비되는 공간이자, 정보가 생산자에게서 소비자에게 유통될 수 있도록 돕는 공간이에요. 따라서 플랫폼은 미디어의 역할을 한다고도 볼 수 있습니다. 그런데 콘텐츠는 어떤 면 때문에 미디어라고 부르는 것일까요?

하진: 이제 좀 알 것 같아. 근데 콘텐츠는 어떻게 미디어가 되는 거야?

하영: (한숨을 쉬며) 호기심 많은 동생이 있어 힘드네. 실은 나도 뭐라 설명하기가 좀 어려운데…

만약 미디어를 이용하면서 한 편의 영상을 시청한다면, 사실 우리가 이용하고 소비하는 것은 그 영상을 담고 있는 기기가 아니라 영상의 내용이라고 할 수 있어요. 이런 면에서 볼 때, 콘텐츠는 미디어에 담긴 내용을 가리킵니다.

예를 들어, 우리가 한 편의 노래를 스마트폰으로 감상한다고 해볼까요? 이때 우리가 이용하고 소비하는 것은 기기(스마트폰)가 아니라, 영상으로 전달되는 노래라고 할 수 있어요. 다음은 신안군의 한 홍보 영상입니다.

이 영상은 신안군에서 열리는 피아노 축제를 홍보하기 위해 만든 것입니다. 2024년 4월 27일~28일에 걸쳐 신안군에서 피아노 축제가 열린다는 내용을 담고 있네요. 저는 유튜브에 올라와 있는 이 영상을 스마트폰으로 시청했답니다.

여기에서 이 영상을 시청할 수 있도록 도운 스마트폰, 이 영상이 올라온 유튜브라는 동영상 플랫폼, 그리고 피아노 축제 홍보 내용이 모두 미디어입니다. 특히 미디어에 담긴 내용, 즉 콘텐츠를 기기나 플랫폼 등과 구별하기 위해 매체 자료라고 부르기도 해요.

미디어의 역사

여러분은 우체국 하면 뭐가 떠오르나요? 아마도 많은 친구들이 편지를 떠올릴 거예요. 지금은 전자 우편이 보편화되었지만, 아직도 많은 손 편지나 우편물 등은 우체국을 거쳐 우리에게 전해지고 있습니다. 그렇다면 우체국을 상징하는 동물이 무엇일지 여러분은 짐작이 가나요?

그래요, 앞의 상징물에서 볼 수 있듯이 '제비'랍니다. 서양 영화를 보면, 제비는 정보를 주는 쪽에서 정보를 기다리는 쪽으로 소식을 전하는 전령의 역할로 많이 나옵니다. "제비가 낮게 날면 곧 비가 올 것이다"라는 속담에서 알 수 있듯이, 날씨를 알리는 예보자의 역할로

등장하기도 하지요.

고전 소설 『흥부전』에서도 제비는 중요한 역할을 합니다. 『흥부전』에서 제비는 박씨를 물어다 흥부와 놀부에게 주는데, 그 박씨가 흥부에게는 대박이지만 놀부에게는 쪽박을 차게 만들지요. 이런 면에서 『흥부전』의 제비는 대박과 쪽박을 실어 나르는 매체였다는 것을 알 수 있겠네요.

문자 이전의 시대

문자가 있기 전에 살았던 사람들은 바로 곁에 없는 사람들에게 소식을 어떻게 전했을까요? 아마 가까운 거리에 있는 사람에게는 직접 가서 소식을 전했을 것이고, 멀리 있는 사람에게는 마을에서 발이 가장 빠른 사람을 보내어 소식을 전하려 했을 거예요.

하지만 말(음성)이라는 것은 그 말을 마친 순간 사라지기 때문에, 전하는 사람의 기억력 등에 따라 그 내용이 달라졌겠지요. 심지어는 계략에 의해 정반대의 말을 전하기도 했을 것입니다.

문자 미디어 시대

그러한 말(음성)의 약점을 보완해 준 것이 바로 문자입니다. 인류가 문자를 쓰게 되면서, 직접 마주하지 않고도 의사소통을 할 수 있게 되었지요. 우리가 알고 있는 비둘기도 문자 이전 시대에는 그냥 동물의 하나였지만, 문자가 발명된 이후에 비로소 그 내용을 전달하는 전

이집트의 상형문자

령의 역할을 맡게 된 거예요.

그 밖에도 문자는 인류가 지식과 정보를 축적하여 후대에 전할 수 있게 해주었습니다. 그리하여 문명의 발전을 촉진하는 역할을 하게 되지요. 기원전 3500년경 메소포타미아의 수메르인들은 쐐기문자를, 기원전 3000년경의 이집트에서는 상형문자를 사용했어요.

인쇄 미디어 시대

문자의 발견으로, 인류는 쉽게 지식을 축적하고 전달할 수 있게 되었습니다. 하지만 문자는 글을 아는 일부의 국한된 사람만이 누릴 수 있는 특권에 가까웠어요.

여러분도 들어봤을 거예요. 세종대왕께서 훈민정음을 창제하려고 했을 때, 최만리와 같은 유학자는 도끼를 메고 상소를 하면서까지 반대했었다는 이야기를요. 그만큼 당시 지식인들은 문자와 문자로 축적한 지식을 일반 백성들이 공유하는 것을 원하지 않았고, 그래서는 안 된다고 생각했던 것 같아요.

서양에서도 마찬가지였어요. 중세 시대까지만 해도 성경책은 일부 신부님들만 볼 수 있었어요. 그마저도 라틴어로 되어 있어서, 성경을 읽을 수 있는 사람은 아주 제한적이었지요. 그래서 당시의 신도들은 신부님들이 말하는 내용이 옳은지 그른지 확인할 길이 없었답니다.

그런 관행을 깨버린 것이 바로 구텐베르크가 발명한 금속활자입니다. 금속활자가 발명된 후에 독일에서는 금속활자 활판으로 만든 신문이 등장하고, 주간지나 일간지 등 정기적으로 신문이 발행되었어요. 그렇게 많은 사람에게 정보를 제공함으로써, 특정인이 아닌 다수의 사람이 정보를 접할 수 있게 되었지요.

구텐베르크의 금속활자로 찍어낸 42줄 성경
(출처: Flicker, ⓒNYC Wanderer)

금속활자의 등장으로, 인쇄물의 대량 생산 및 배포가 가능해졌어요. 그러면서 일반 대중도 지식과 정보를 얻을 수 있게 되었지요. 다량의 지식과 정보가 세계 곳곳으로 확산하면서, 문명은 비약적으로 발전하게 됩니다.

방송 미디어 시대

전기의 발명은 인류에게 새로운 길을 열어주었습니다. 전기가 발명되면서, 물리적으로 떨어진 공간에 있는 사람과 실시간으로 대화하거나 메시지를 전달할 수 있는 길이 열린 거예요.

물론 편지로도 멀리 떨어져 있는 사람과 소식을 주고받을 수는 있어요. 하지만 전화나 라디오처럼 곧바로 그 자리에서 정보를 주고받을 수는 없지요. 특히 라디오나 텔레비전과 같은 대중 매체, 즉 매스

BBC 텔레비전 센터
(출처: wikimedia ⓒPanhard)

미디어는 불특정 다수에게 다량의 정보를 한꺼번에 전달하는 강점을 지닙니다.

1920년 미국에서는 라디오 방송국이 설립되었고, 1936년 영국에서는 공영방송 BBC가 최초로 정규 방송을 시작하면서 대중에게 엄청난 영향력을 미치기 시작했어요.

상호작용적 매체 시대

텔레비전과 라디오 방송에서는 시청자와 실시간으로 정보를 주고받을 수 있습니다. 하지만 미디어의 특성상, 상호작용이 제한적으로 이루어질 수밖에 없어요. 특히 대중 매체는 불특정 다수를 대상으로 프로그램을 제작하기에 더더욱 그렇습니다. 다시 말해, 방송 제작자와 시청자 사이의 상호작용이 제한적일 수밖에 없다는 것이지요.

그처럼 제작자와 시청자 사이의 제한적 상호작용이라는 문제를 극복하여 등장한 미디어가 바로 인터넷 등과 같은 상호작용적 매체예요. 상호작용적 매체는 생산자와 수용자의 경계를 허물고, 소통 참여자 사이의 물리적 거리감과 사회적 거리감을 극복한다는 장점이 있습니다. 이를 통해 멀리 떨어져 있는 사람도 언제든지 의사를 표현할 수 있으므로, 민주적 의사결정과 공동체 문화를 확산하는 데도 공헌하게 되었지요.

미디어의 기능

지금까지 미디어의 역사에 대해 살펴보았습니다. 미디어의 역사를 더듬어 보니, 미디어가 어떤 경로를 통해 어떻게 발전했는지를 알 수 있었을 거예요. 각 미디어의 용도와 쓰임이 서로 다르다는 사실도 알게 되었을 테고요.

지금부터는 미디어가 우리 삶에서 어떤 역할을 하는지 살펴보려 합니다. 여러분이 미디어를 이용하는 데 많은 도움이 될 거예요.

정보의 수집과 전달 기능

미디어의 첫 번째 기능은 뭐니 뭐니 해도, 세계 곳곳에서 일어나는 다양한 일들과 새로운 분야의 지식, 정보를 수집하고 전달하는 것이라고 볼 수 있습니다. 인터넷이 등장하기 전에 여러분의 부모님이나 선생님은 낯선 정보나 전문적인 지식을 얻기 위해 어떻게 했을까요?

특히 전문적인 정보는 국립중앙도서관이나 국회도서관 아니면 대학 도서관에 직접 가서 필요한 정보를 탐색한 후, 서가에 가서 관련 도서를 찾아 데스크에서 빌린 다음에야 수집할 수 있었습니다. 전문적인 정보가 아닌 경우에는 시·도립 도서관과 구립 도서관 등에서 책을 빌려 필요한 정보를 얻곤 했지요. 그처럼 인터넷이 등장하기 전의 도서관은 정보가 모이고, 정보를 탐색하고 공유하는 대표적인 장소였어요.

하지만 지금 우리는 국립중앙도서관에 있는 정보보다 더 많은 정보를 인터넷으로 검색하고 수집할 수 있어요. 이전에는 일반인이 전문적인 정보나 최신 연구 성과에 접근하기 힘들었지만, 요즘에는 한국교육학술정보원에서 운영하는 학술연구정보서비스(Riss) 등을 통해 누구나 쉽게 전문적인 정보와 최신 연구 자료에 접근할 수 있습니다.

사회관계 속 갈등 조정 기능

미디어는 사회에서 발생한 갈등의 원인을 분석하고 갈등을 해소하는 기능을 지닙니다. 여러분도 텔레비전에서 '시사 보도', '탐사 보도' 등과 같은 프로그램이 방영되는 것을 본 적이 있을 거예요. 특히 대중 매체에서는 사람들이 관심을 가지는 주제나 사회적 쟁점 사항을 심층적으로 분석하는 프로그램을 제작하여 시청자에게 보급하고 있습니다.

그런 보도는 사회에서 발생한 사건의 원인을 찾아 해결책을 제시하여, 공동체의 분열을 막고 공동체를 긍정적인 방향으로 이끌고자 제작되는 경우가 많아요. 그러나 어떤 경우에는 미디어에서 전달하는 정보가 갈등을 해소하기보다 증폭시켜서, 공동체에 분열을 일으키기도 하지요. 이처럼 미디어의 사회적 기능은 공동체와 국가의 발전은 물론 개인의 삶에 큰 영향을 미치고 있습니다.

문화의 전파와 전수 기능

미디어는 사회에 존재하는 다양한 문화 현상과 규범, 가치를 공유하고 전수하는 역할도 합니다. 미디어의 교육적 기능이라고 볼 수 있지요. 교육의 기능 가운데 하나가 지금 세대에서 발견하고 정립한 지식과 정보, 문화와 규범 중에서 가치가 있는 내용을 다음 세대에 전수하는 것이기 때문이에요.

디지털 컴퓨터가 등장하기 전에, 문화의 전파와 전수 기능을 수행하던 대표적인 기관은 도서관이었어요. 도서관은 인류의 지혜가 담긴 책을 보관하고 다음 세대에게 전수하여, 후대가 그 지혜를 활용할 수 있도록 해주는 대표적인 문화와 지식의 전수 기관이었지요.

휴식과 오락 기능

지금까지의 이야기만 놓고 보니, 미디어가 무겁고 막중한 역할만 하는 것처럼 생각되네요. 하지만 여러분에게 가장 친근하고 직접적인 미디어의 기능은 휴식과 오락을 제공하는 것이에요. 미디어는 사람들의 휴식과 오락을 위해 볼거리와 읽을거리, 재밋거리를 제공합니다.

청소년뿐만 아니라 성인도 휴식 시간에 음악을 듣거나 영화나 스포츠를 관람하는 데 미디어를 많이 활용해요. 어찌 보면, 휴식과 오락 기능이 현대인들에게는 가장 강력하고 친숙한 미디어의 기능이라고 할 수 있습니다.

여러분은 미디어의 여러 기능 가운데 어떤 기능을 많이 활용하고 있나요?

미디어의 역기능

앞에서 미디어의 다양한 기능을 살펴봤습니다. 우리가 평소 일상에서 별다른 느낌 없이 사용하는 미디어가 그처럼 다양한 역할을 하고 있다는 점에 대해, 잠시나마 생각해 보는 시간이 되었을 거예요. 또한 인간이 공동체 생활을 해나가고 인류의 발전을 촉진하는 데 미디어가 중요한 역할을 한다는 사실을 알게 되었을 테지요. 무엇보다도 미디어는 우리의 삶을 편하게 해주고, 우리 삶을 풍부하게 해주는 장점이 있습니다.

하지만 아무리 좋은 약도 오랫동안 먹으면 부작용이 나타날 수 있듯이, 우리에게 친숙하고 기능이 많은 미디어도 잘못 사용하면 큰 부작용이 생길 수 있습니다. 예를 들어, 미디어를 통해 잘못된 정보나 허위 정보가 유포되면 사회가 큰 혼란에 빠질 수 있어요. 미디어가 갈등 상황을 제시할 때, 한쪽으로 치우친 내용을 제공하여 사람들의 올바른 판단을 방해할 수도 있고요. 미디어가 즐거움과 재미만 강조하다 보면, 선정적이고 폭력적인 내용을 담게 되기도 하지요.

특히 개인 인터넷 방송 등은 구독자와 조회 수에 따라 수익을 얻는 구조다 보니, 시청자의 관심을 끌기 위해 자극적이고 선정적이며 폭력적인 내용을 담는 것을 주변에서 쉽게 확인할 수 있습니다. 마지막으로, 미디어가 다른 사람이나 집단을 공격하고 비난하는 수단으로 이용되기도 해요. 모든 도구가 그렇듯이, 미디어 또한 잘 사용하면 나와 공동체에 도움이 되지만 잘못 사용하면 나와 공동체를 해치는 흉기가 됩니다.

흥부를 부자로 만들어 준 박　　　　　놀부를 나락으로 빠뜨린 박

　미디어 자료는 생산할 때뿐 아니라, 다른 사람이 이미 만들어 놓은 것을 이용할 때도 유의해야 해요. 내용이 지나치게 자극적이지는 않은지, 확인되지 않은 정보나 거짓 정보는 없는지 등을 판단하며 받아들여야 슬기롭게 미디어를 이용할 수 있습니다.

이것만은 알아두세요

1. 미디어에 속하는 것

기기, 콘텐츠, 플랫폼

2. 미디어의 역사

문자 미디어 시대

- 직접 마주하지 않고도 의사소통이 가능해지고, 지식과 정보를 축적하여 후대에 전할 수 있게 됨.
- 기원전 3500년경 메소포타미아의 수메르인들은 쐐기문자를, 기원전 3000년경의 이집트에서는 상형문자를 사용함.

인쇄 미디어 시대

- 금속활자가 등장하면서 대량으로 인쇄물을 생산하여, 대중도 지식과 정보를 얻을 수 있게 됨.
- 17세기 독일에서는 금속활자 활판으로 만든 신문이 등장하고, 주간지나 일간지 등 정기적으로 신문을 발행함.

방송 미디어 시대

- 전기가 발명되면서, 물리적으로 떨어진 공간에 있는 사람과 실시간으로 대화하거나 메시지를 전달하게 해주는 라디오나 텔레비전과 같은 미디어가 등장함.
- 1920년 미국에서 라디오 방송국이 설립됨.
- 1936년 영국에서는 공영방송 BBC가 최초로 정규 방송을 시작함.

상호작용적 매체 시대

- 인터넷을 기반으로 한 미디어가 보급되면서 콘텐츠의 형식과 내용, 생산 방식이 바뀜. 미디어 이용자 사이의 상호작용이 활발하게 이루어지게 됨.
- 생산자와 수용자의 경계를 허물고, 소통 참여자 사이의 물리적 거리감과 사회적 거리감을 극복함.
- 민주적 의사결정과 공동체 문화를 확산하는 데 기여함.

3. 미디어의 순기능과 역기능

	순기능	역기능
정보의 수집과 전달 기능	전 세계 곳곳에서 일어나는 다양한 일들과 새로운 분야의 지식, 정보를 수집하고 전달함.	잘못된 정보나 허위 정보를 유포하여 사회에 혼란을 줌.
사회관계 속 갈등 조정 기능	사회에서 발생한 갈등의 원인을 분석하고, 갈등을 해소하도록 도움.	갈등 상황을 제시할 때, 한쪽으로 치우친 내용을 제공하여 올바른 판단을 방해함.
문화의 전파와 전수 기능	사회에 존재하는 다양한 문화 현상과 규범, 가치를 공유하고 전수함.	즐거움과 재미만을 강조하여, 선정적이고 폭력적인 내용을 담음.
휴식과 오락 기능	사람들의 휴식과 오락을 위해 볼거리와 읽을거리, 재밋거리를 제공함.	다른 사람이나 집단을 공격하고 비난하는 수단으로 이용되기도 함.

풀어볼까? 문제!

1. 하영이는 자신의 휴대전화로 아래의 자료를 보게 되었습니다. 이 자료를 기기, 플랫폼, 콘텐츠로 구분해 볼까요?

① 기기:

② 플랫폼:

③ 콘텐츠:

2. 인터넷을 기반으로 한 미디어가 보급되면서 콘텐츠의 형식과 내용, 생산 방식이 바뀌었습니다. 미디어 이용자 사이에 상호작용이 활발하게 이루어지는 때는 미디어의 역사상 어느 시대에 속할까요?

3. 다음은 미디어의 기능 가운데 무엇에 해당하나요?

> 잘못된 정보나 허위 정보를 유포하여 사회에 혼란을 준다.

문해력에 대해 알아봐요

청소년의 미디어 이용 실태

우리나라 청소년들은 하루에 미디어를 얼마나 이용할까요? 이 질문에 대해, 한국언론진흥재단에서 조사한 결과(2022)의 핵심적인 내용은 아래와 같습니다.

1) 인터넷을 이용하는 시간이 하루 약 8시간으로, 2019년 대비 1.8배 증가
2) 숏폼 콘텐츠 급부상, 온라인 동영상 플랫폼을 이용하는 청소년 열 명 중 세 명이 직접 촬영한 영상 업로드 경험
3) 인스타그램 이용률 증가, 청소년이 많이 이용하는 SNS와 메신저 서비스의 지각 변동
4) 지난 일주일간 청소년 두 명 중 한 명은 메타버스 플랫폼을 이용
5) 더 다양한 플랫폼을 통해 더 짧게 뉴스 이용
   - 하루 평균 뉴스 이용 시간은 2019년 60.4분에서 2022년 49.8분으로 감소

중요한 사항을 중심으로, 위 내용을 다시 요약해 볼게요. 2022년의 청소년들은 하루에 8시간 이상 인터넷을 이용했는데요. 뉴스를 시청한 50분 정도를 뺀 나머지 시간에 주로 동영상 플랫폼, 카톡이나 인스타그램 등과 같은 사회관계망서비스(SNS), 메타버스 플랫폼 등을 이용했어요. 이와 같은 청소년의 미디어 이용 실태에서 주목하고 싶은 항목은 다음의 두 가지입니다.

1) 인터넷 이용 시간이 하루 약 8시간으로, 2019년 대비 1.8배 증가

　청소년이 하루에 인터넷을 이용하는 시간이 수면 시간과 맞먹는 점으로 보아, 미디어가 청소년들의 삶에서 큰 부분을 차지하고 있음을 알 수 있어요. 특히 초등학생(4~6학년)의 경우, 하루 평균 인터넷 이용 시간이 2019년의 2시간 40분에서 2022년에는 5시간 40분으로 중고등학생에 비해 크게 증가했는데요. 그러한 추세로 보면, 앞으로 초등학생의 인터넷 사용 시간은 더욱 늘어날 것으로 예상됩니다.

　연구 기관에서는 청소년의 인터넷 이용 시간이 증가하는 현상에 대해, 청소년의 일상에서 온·오프라인의 구분이 없어지고 있음을 시사한다고 평가했어요. 이는 청소년들이 친구와 전화로 대화하는 것보다 메신저로 연락을 주고받고, 텔레비전을 보면서도 스마트폰을 이용하는 데서도 발견할 수 있습니다.

　한마디로, 청소년의 삶이 온라인과 오프라인이 섞여서 구분할 수 없는 상황이 된 거예요. 특히 인터넷을 통한 온라인이 실제 삶으로 급

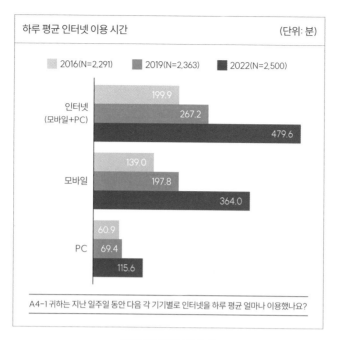

하루 평균 인터넷 이용 시간　　　　　　　　　　(단위: 분)

　■ 2016(N=2,291)　■ 2019(N=2,363)　■ 2022(N=2,500)

인터넷
(모바일+PC)
199.9
267.2
479.6

모바일
139.0
197.8
364.0

PC
60.9
69.4
115.6

A4-1 귀하는 지난 일주일 동안 다음 각 기기별로 인터넷을 하루 평균 얼마나 이용했나요?

(출처: 한국언론진흥재단)

격하게 침투해서, 오프라인에서의 삶을 대체하고 있다고 볼 수 있어
요. 친구를 만나더라도 직접 얼굴을 보며 함께 노는 것이 아니라, 인터
넷상에서 친구와 게임을 하면서 노는 경우가 더 많습니다.

2) 숏폼 콘텐츠 급부상

　한국언론진흥재단에서 이 연구 결과를 발표하면서, 2019년과 비교
하여 가장 주목한 부분이 바로 숏폼 콘텐츠의 인기와 청소년의 적극
적인 동영상 플랫폼 이용 방식입니다. 청소년이 가장 많이 이용하는

동영상 플랫폼은 유튜브(97.3%)이고, 다음으로 유튜브 쇼츠(68.9%)와 인스타그램 릴스(47.6%), 틱톡(39.6%) 등으로 나타났어요. 동영상 플랫폼의 이용률 2~4위가 모두 숏폼 콘텐츠 플랫폼이었다는 것이 인상적이네요.

청소년들의 뉴스 이용 시간이 줄어들었다는 항목 5)의 결과와 숏폼 콘텐츠 플랫폼의 이용 증가를 함께 생각해 보면, 우리나라 청소년들이 미디어를 이용하는 경향을 파악할 수 있습니다. 뉴스와 같은 문자 자료를 이용하는 시간이 줄어든 대신에 동영상 자료를 이용하는 시간이 늘고 있으며, 더욱이 청소년들은 핵심적인 내용만 담은 짧은 영상 자료의 이용을 선호한다는 거예요.

짧은 영상은 미디어에서 전달하고자 하는 내용을 강렬하고 효과적으로 보여줄 수 있어서, 청소년들에게 인기를 얻고 있는 것이라 판단

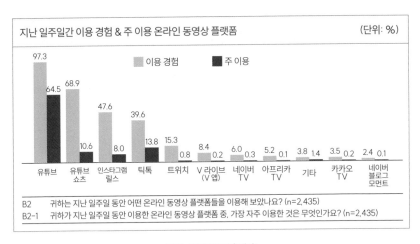

지난 일주일간 이용 경험 & 주 이용 온라인 동영상 플랫폼 (단위: %)

B2   귀하는 지난 일주일 동안 어떤 온라인 동영상 플랫폼들을 이용해 보았나요? (n=2,435)
B2-1   귀하가 지난 일주일 동안 이용한 온라인 동영상 플랫폼 중, 가장 자주 이용한 것은 무엇인가요? (n=2,435)

(출처: 한국언론진흥재단)

됩니다. 하지만 짧은 시간에 내용을 담다 보니, 동영상 이용자의 관심을 끌기 위해 자극적인 정보나 검증되지 않은 정보를 제공하는 경우가 있어요. 앞에서 미디어의 기능을 다루며 미디어가 잘못 이용될 때의 부정적인 면에 대해 살펴보았듯이, 미디어의 내용이 짧으면 짧을수록 자료의 내용을 비판적으로 읽는 태도를 가질 필요가 있습니다.

물론 짧은 영상을 재미로 보거나, 그저 스쳐 지나가는 자료쯤으로 읽을 수도 있을 거예요. 하지만 그런 일이 반복되다 보면, 그렇게 미디어를 이용하는 방식이 어느새 자신의 방식으로 굳어버릴 수 있습니다. 긴 내용이 나오거나 자신이 흥미를 느끼지 못하는 자료가 나오면 넘겨버리게 되며, 자기 취향에 맞는 자료만 반복적으로 시청하게 되어 특정 생각이나 기호에 고착되고 말 거예요.

짧은 동영상을 시청하면서 우리가 주의 깊게 봐야 하는 것은 메시지뿐 아니라, 메시지를 효과적으로 전달하기 위해 함께 제공되는 사진이나 음악 등의 시청각 자료입니다. 우리에게 다양한 즐거움과 정보를 제공하는 숏폼 동영상 자료를 올바르게 이용하려면, 그런 자료를 슬기롭게 읽어내는 능력, 곧 비판적인 읽기 능력이 필요해요. 미디어 자료를 비판적으로 읽어내는 능력은, 요즘 미디어와 관련하여 많이 언급되는 문해력의 문제와 관련이 깊습니다.

얼핏 보면, 문해력이란 책이나 신문과 같은 문자로 구성된 자료와 관련이 있는 듯하지요? 하지만 문해력은 단지 문자 자료를 읽는 능력에 국한되는 것이 아니라, 우리가 평소에 이용하는 디지털 미디어의 읽기에도 필요한 능력입니다.

문해력이 왜 필요한가요?

문해력에 관련된 재미있는 에피소드가 있어서 잠시 소개해 볼까 해요. 2022년, 서울의 한 카페에서 어느 웹툰 작가의 사인회가 열렸는데요. 사람들이 참석을 예약하는 과정에서 시스템 오류가 발생하자, 카페 측은 다음과 같이 사과문을 올렸습니다.

사인회 예약이 모두 완료되었습니다.
예약 과정 중 불편 끼쳐 드린 점 다시 한번 심심한 사과 말씀 드립니다.

이 사과문에 일부 네티즌들이 아래와 같이 댓글을 달았어요.

"심심한 사과, 이것 때문에 더 화나는데. 꼭 '심심한'이라고 적어야 했나."
"아 다르고 어 다른데, 심심한 사과의 말씀이라니!"
"제대로 된 사과도 아니고, 무슨 심심한 사과?"

왜 사람들은 그런 댓글을 달았을까요? 아마 '심심한'이라는 단어가 가진 뜻을 잘못 이해했기 때문일 거예요. 형용사 '심심(甚深)하다'를 '지루하다'는 뜻의 '심심하다'로 잘못 읽은 것이지요. 그렇다면 '심심(甚

深)하다'는 어떤 뜻일까요?

아마도 일상에서 많이 사용하는 단어가 아니어서 그 뜻을 짐작하기도 어려울 텐데요. 국립국어원에서 발행한 『표준대국어사전』을 보면, '심심(甚深)하다'에는 다음과 같은 뜻이 있습니다.

> 심심(甚深)하다: 마음의 표현 정도가 매우 깊고 간절하다.

이처럼 '심심하다'의 뜻을 파악해 보면, 일부 네티즌들이 카페 측의 사과문을 오해했다는 것을 알 수 있어요. 카페 측에서는 불편을 겪은 팬들에게 정중한 사과를 하기 위해 '심심한 사과'라고 표현했던 것인데 말이에요.

이 사건을 두고, 많은 미디어에서 우리나라 사람들의 문해력이 심각하다는 표현을 많이 썼습니다. 관련 기사나 방송도 쏟아져 나왔고요. 특히 기사와 방송에서는 앞에서와 같은 댓글을 단 사람들의 문해력에 심각한 우려를 표했지요.

하지만 그런 댓글을 단 네티즌들을 비난할 수만은 없습니다. 왜냐하면 요즘 일상에서 '지루하다'라는 뜻을 가진 '심심하다'라는 단어는 쓰지만, '마음의 표현 정도가 매우 깊고 간절하다'라는 뜻을 지닌 '심심하다'라는 표현은 잘 쓰지 않기 때문이에요.

또한 문해력의 문제는 특정 어휘를 아느냐 모르느냐의 문제가 아닙니다. 사실 기본적인 한국어 소양을 갖춘 사람이라면, 카페의 사과문에서 문맥상 '심심한 사과'는 '지루한 사과'가 아니라는 것을 알 수 있겠지요. 아리송한 어휘를 맞닥뜨렸을 때 인터넷의 어휘 사전에서 검색해 보았다면, 그 뜻을 파악할 수 있었을 거예요.

따라서 이 사건과 관련된 '문해력'의 문제는 단순한 어휘의 문제가 아니라, 문맥을 파악하는 능력의 문제였다고 생각됩니다. 그리고 글의 문맥상 뜻이 통하지 않는 어휘를 만났을 때 소홀히 지나쳤거나, 그에 대한 문제 해결 능력이 부족했던 것일 테고요.

위 사례에서 볼 수 있듯이, 문해력이 부족하면 어떤 문제가 발생할까요? 다른 사람의 말이나 글의 뜻을 잘못 이해하거나 곡해하여, 필요 없는 갈등이 발생하고 의사소통이 원활하게 이루어지지 않게 됩니다. 또 그런 갈등을 해소하기 위해 설명하거나 해명하는 과정에서 또다른 갈등이 발생할 수 있고, 무엇보다도 서로 불필요하게 에너지와 시간을 낭비할 가능성이 커지지요.

특히 사람들은 일반적으로 책과 뉴스 기사를 접할 때, 그 속에 쓰인 말의 뜻을 주의 깊게 헤아려 읽으려는 경향이 있어요. 그런데 다양한 미디어에 사용된 표현들은 문맥을 짐작할 만큼 충분하게 제시되지 않거나, 이모티콘 또는 이모지 등의 시각적 표현과 함께 제시되곤 합니다. 그리고 요즘 사람들은 그처럼 짧게 제시된 메시지나 시각적 표현을 순간적으로 해독하고 넘어가는 일이 많아요. 그 과정에서 전달자의 의도를 잘못 파악하거나, 왜곡해서 자료를 읽을 가능성이 커지지요. 심한 경우, 미디어 자료의 제작자는 슬프다는 감정을 담아 문자 이외의 시각적 표현을 올렸는데, 그것을 본 친구는 자신을 비웃는 표정으로 해석할 수도 있습니다.

이처럼 문해력의 문제는 단지 글자나 단어의 해석을 넘어, 미디어 자료에서 사용된 문자, 시각적 언어, 영상 언어의 적절한 해석과 관련이 있다고 볼 수 있어요. 그렇다면 문해력이 무엇인지, 그리고 문해력과 디지털 미디어 리터러시는 어떤 관련이 있는지 한번 살펴볼까요?

문해력과 디지털 미디어 리터러시

'문해력'이라는 말은 '문(文)', '해(解)', '력(力)'으로 이루어져 있습니다. 여기에서 '문(文)'은 글월, 곧 글자를 가리키며 나아가 문사를 뜻해요. '해(解)'는 풀이, 해석 등을 가리키며, '력(力)'은 힘 또는 능력을 의미하고요. 이를 종합하면, '문해력'은 글(문자)을 이해하는 능력이 됩니다. 이런 점에서 문해력이라는 용어는 일단 책, 신문, 뉴스 기사와 같은 문자 텍스트에 대한 이해 및 분석과 관련이 깊습니다. 서울대학교 『국어교육학사전』에서는 문해력을 다음과 같이 설명하고 있어요.

의사소통을 목적으로 하는 문자 언어의 사용 능력, 즉 모어를 읽고 쓸 수 있는 능력을 가리킨다. 여기서 읽고 쓸 수 있는 능력이란 자소를 음소로, 음소를 자소로 바꾸는 최소한의 능력을 의미하는 것이 아니라 읽기와 쓰기의 활용에 대한 심적 경향이나 사고방식까지를 포함하는 것이며, 문자 언어로 된 메시지를 단순히 받아들이고 해석하는 것이 아니라 능동적이고 자율적으로 메시지를 생성해 내는 것까지를 포함하는 개념이다.[1]

문해력의 개념을 좁게 보자면, 글자와 글의 의미를 정확하게 이해하는 능력이라 할 수 있어요. 하지만 디지털 환경에서는 글 또한 디지털 미디어 등을 통해 정보와 자료로 제공되고 해석됩니다. 이런 점을 고려한다면 문해력은 종이로 된 책이나 신문뿐만 아니라, 미디어를 통해 제공된 모든 문자에 대해 접근, 해석, 평가하는 능력으로 정의할 수 있습니다.

문(文)+해(解)+력(力)	글월의 '문(文)' 풀이의 '해(解)' 힘의 '력(力)'

---

1 윤준채, 「문해력의 개념과 국내외 연구 경향」, 『새국어생활』 제19권 제2호(2009년 여름), 7쪽에서 재인용.

윤준채 교수님은 이러한 개념을 확대하여, 문해력을 다음과 같이 정의했어요.

현대적 개념의 문해력은 글자의 해독 능력과 기초적인 수준에서의 읽기 능력에 국한되지 않는다. 이러한 점을 수용하여, 문해력을 '개인의 목적을 성취하기 위해 글을 비판적으로 읽고 창의적으로 생산할 수 있는 능력' 정도로 정의한다면 많은 사람들은 그것에 수긍할 것이다.[2]

그렇지만 이러한 정의는 여전히 문해력의 '문(文)', 곧 문자나 글자를 중시하는 개념 규정이에요. 디지털 미디어를 통해 제공되고 향유되는 미디어 또는 미디어 자료에는 글뿐만 아니라, 사진이나 도표 등과 같은 시각 자료는 물론 영상, 음악과 같은 청각 자료도 함께 제시됩니다. 그리고 이런 시청각 자료는 제작자의 미디어 생산 의도를 부각하기 위해 도입되는 것이지요.

이런 디지털 미디어 환경을 고려했을 때, '디지털 문해력'은 디지털 미디어를 통해 제공된 문자 정보 이외의 시각 정보, 청각 정보 등을

---

2 윤준채, 위의 논문, 8쪽.

능동적이고 비판적으로 분석하고 평가하는 능력이라고 할 수 있습니다. 그러므로 이 책에서 다루는 문해력은 문자에 접근하고 그것을 해석하는 전통적인 의미에서의 문해력은 물론, 시각·청각 자료 등 미디어 생산자의 의도를 효과적으로 드러내기 위해 동원된 복합 양식의 자료에 접근하고 그것을 해석하는 능력을 가리킵니다. 나아가 텍스트를 비판적으로 읽고 창의적으로 생산할 수 있는 능력을 가리키지요.

문해력이란?

- 문자에 접근하고 그것을 해석하는 전통적인 의미에서의 문해력
- 미디어 생산자의 의도를 효과적으로 드러내기 위해 동원된 복합 양식 자료에 접근하고 그것을 해석하는 능력
- 텍스트를 비판적으로 읽고 창의적으로 생산할 수 있는 능력

복합 양식 자료란 『한 번만 읽으면 확 잡히는 중등 문해력 〈읽기〉』에서 배웠듯이, 문자 이외에 사진, 도표와 같은 시각 자료는 물론 영상과 같은 시청각 자료가 함께 어울려 구성된 자료를 의미해요. 사실, 요즘 우리가 미디어에서 이용하는 대부분 자료가 복합 양식 자료에 해당한다고 볼 수 있습니다.

문자, 시각 자료, 청각 자료, 영상 등으로 표현된 미디어 자료

그렇다면 복합 양식 자료에 접근하고 그 자료를 해석하는 디지털 문해력의 의미를 구체적으로 살펴볼까요? 좁은 의미에서 문해력은 글자에 국한되므로, 디지털 환경을 제대로 반영하고 있다고 보기는 어려워요. 그래서 많은 학자가 문해력이라는 말 대신에 리터러시라는 용어를 자주 쓰는데, '리터러시(literacy)'란 텍스트를 읽고 쓰는 능력을 가리킵니다. 여기서 텍스트는 문자로 이루어진 책이나 신문과 같은 문자 텍스트는 물론, 다양한 미디어 텍스트를 포함해요. 이런 측면으로 볼 때, '디지털 미디어 리터러시'란 디지털 미디어를 읽고 쓰는 능력이라고 할 수 있겠지요.

여기에서 말하는 '읽기'와 '쓰기'는 전통적인 의미에서의 읽기와 쓰기를 뜻하기도 하지만, 디지털 미디어 환경을 고려하면 달리 해석할 필요가 있습니다. '읽는다'는 것은 주어진 텍스트의 내용을 파악하고 감상하는 데 머무는 것이 아니라, 내용은 물론 미디어 자료를 둘러싼 맥락을 비판적으로 읽어내는 것을 의미해요.[3] 또한 '쓴다'는 것은 종이나 컴퓨터에 생각이나 느낌을 글로 표현하는 것뿐 아니라, 미디어를 이용해 생각이나 느낌을 다양한 방식으로 표현하거나 생산하는 것을 뜻하지요. 이런 측면에서 디지털 미디어 리터러시는 미디어의 내용뿐 아니라, 그 미디어 자료가 생산·소통·소비되는 전체 맥락을 비판적으로 읽는 동시에 생각이나 느낌을 다양한 미디어를 활용하여 생산하는 것을 가리킵니다.

디지털 환경을 고려하여, 전통적인 문해력의 개념에서 디지털 문해력이나 디지털 미디어 리터러시의 개념으로 나아갈 필요가 있어요. 그럴 때 비로소 학생뿐 아니라 디지털 미디어 자료를 이용하는 많은 사람들이 디지털 문해력의 문제를 해결할 수 있을 것입니다.

문해력을 갖추어야 하는 이유

우리가 문해력을 갖추어야 하는 이유는 엄청나게 쏟아지는 정보를

---

3 정형근, 맥락 파악하며 비판적 읽기 능력 키우기, '다독다독 미디어 리터러시(https://dadoc. or.kr/2544)', 2017. 9.

올바르게 판단하고 이용하기 위해서입니다. 미디어를 올바르게 활용함으로써, 우리는 개인적 성취는 물론 공동체의 발전을 도모할 수 있어요. 문해력을 갖추지 못한 상태에서 정보를 주고받는다면, 우리는 거짓 정보, 불필요한 정보, 왜곡된 정보, 확인되지 않은 정보의 홍수 속에서 수많은 갈등과 분열을 경험하게 될 거예요. 이는 곧 우리 자신과 사회의 발전을 저해하게 되겠지요.

문해력은 결국 세상을 이해하고 판단하는 능력입니다. 우리 앞에 펼쳐진 세계를 바르게 판단할 수 있을 때, 비로소 우리는 가치 있는 삶을 살아갈 수 있을 거예요. 거짓 정보, 확인되지 않은 정보, 불필요한 정보에 휘둘려 살아간다면, 우리의 삶은 낭비되고 피폐해질 것입니다.

다음은 프랑스의 소설가 모파상이 쓴 작품 「목걸이」를 요약한 것으로, 거짓 정보 등으로 인해 상황을 잘못 판단하여 삶을 낭비하게 된 어떤 부부의 이야기를 전하고 있습니다.

로와젤은 아름답고 매력적인 용모를 지녔지만 운명의 실수로 가난한 집에 태어났다고 생각하는 처녀였다. 그녀는 지참금도 없고 유산도 받지 못해 가난했기 때문에 문부성의 하급 공무원과 결혼했다.

어느 날 남편이 장관의 파티에 갈 수 있는 티켓을 가지고 왔다. 로와젤은 파티에 나가기 위해, 남편의 비상금을 털어 옷을 사고 친구에게 다이아몬드 목걸이를 빌린다. 하지만 파티에 참석했다가 다이아몬드 목걸이를 잃어버리고 만다. 부부는 전 재산을 처분한 후 돈을 빌려 똑같은 목걸이를 사서 친구에게 주고, 그 돈을 갚기 위해 십 년 동안 궁핍한 생활을 한다.

이제 로와젤 부인은 심신이 피곤하여 늙고 말았다. 어느 날 길거리에서 목걸이를 빌려준 친구를 만나는데, 그 목걸이 때문에 고생한 이야기를 하다가 그때의 목걸이가 가짜였음을 알게 된다.

만약 로와젤과 그의 남편이 친구가 빌려준 목걸이가 가짜였다는 사실을 알았다면, 그처럼 오랜 세월 동안 궁핍하게 살 필요가 없었겠지요. 상황이나 정보에 대한 잘못된 판단 탓에, 로와젤과 그의 남편은 십 년이나 쪼들리며 살아야 했던 거예요.

로와젤 부부의 이야기처럼, 우리가 불필요하거나 거짓된 정보에 시간과 에너지를 낭비한다면 어떻게 될까요? 그런 개인이 모여 이룬 사회 또한 불필요한 곳에 에너지를 소모하게 되겠지요. 각 개인이 세상을 바르게 읽고 판단하며 살아갈 때, 비로소 우리 사회는 건전한 발전을 이룩하게 될 것입니다.

이것만은 알아두세요

1. 청소년의 미디어 이용 실태

- 미디어 이용 시간이 늘어남

- 숏폼 콘텐츠의 이용이 늘어남

- 뉴스 등 전통 미디어의 이용 시간이 줄어듦

2. 문해력

- 문자에 접근하고 그것을 해석하는 전통적인 의미에서의 문해력

- 미디어 생산자의 의도를 효과적으로 드러내기 위해 동원된 복합 양식의 자료에 접
  근하고 그것을 해석하는 능력

- 텍스트를 비판적으로 읽고 창의적으로 생산할 수 있는 능력

3. 문해력의 필요성

- 엄청나게 쏟아지는 정보를 올바르게 판단하고 이용하기 위해

- 개인의 성취는 물론 공동체의 긍정적인 발전을 위해

풀어볼까? 문제!

1. 청소년의 미디어 이용 시간이 늘어나면서 청소년의 뉴스 이용 시간도 늘고 있다.

(O X)

2. 다음 중 문해력과 관련이 없는 것은 무엇인가요?

① 미디어 자료를 읽는 능력

② 미디어를 멀리하는 능력

③ 미디어 자료를 활용하는 능력

④ 미디어 자료를 분석하는 능력

⑤ 미디어 자료를 생산하는 능력

3. 다음 중 복합 양식 자료에 해당하는 것은 무엇인가요?

① 문자로 이루어진 자료

② 사진으로 이루어진 자료

③ 그림으로 이루어진 자료

④ 음성으로 이루어진 자료

⑤ 문자, 사진, 영상이 함께 나타나는 자료

정답

1. X

2. ②

3. ⑤

Part 2. **미디어를 분석하고 비판적으로 읽어요**

하진: 언니, 수업 시간에 선생님께서 미디어를 분석해 보자고 하셨는데, 미디어를 분석한다는 게 무슨 말이야?

하영: 하진아, 혹시 국어 시간에 설명하는 글 읽기나 쓰기에서 분석이라는 말을 배우지 않았니?

하진: 음, 배운 거 같긴 한데 말이 좀 어려웠어.

하영: 그렇지. (인터넷 사전을 뒤지며) 분석은 '복잡한 내용, 많은 내용을 지닌 사물을 정확하게 이해하기 위해 그 내용을 단순한 요소로 나누어 생각하는 것'이라고 나와 있네.

하진: 복잡하고 많은 것을 쉽고 간단한 것으로 생각하는 게 분석이네. 언니, 그럼 미디어가 복잡하다는 뜻이잖아.

하영: 맞아. 하진아, 앞에서 미디어에 속하는 것에 뭐가 있었지?

하진: (갸우뚱하며) 이거 벌써 가물가물하네. 기기가 있었고, 플랫폼도 있었는데. 나머지 하나가 뭐였더라?

하영: 미디어의 내용에 해당하는 콘텐츠가 있었지.

하진: 맞아! 언니, 그럼 미디어를 분석하는 것은 기기, 플랫폼, 콘텐츠를 분석하는 것이라고 생각하면 될까?

하영: 그래. 기기나 플랫폼의 성격을 분석하지만, 주로 미디어가 전달하고 있는 내용인 콘텐츠를 분석하는 것이지.

하진: 그럼 미디어를 분석한다는 것은 주로 미디어의 내용을 분석한다는 말이네.

하영: 우리 동생 똑똑하네. 하지만 기기나 플랫폼을 분석할 때도 있어.

하진: 그럼 기기를 분석할 때는 기기를 뜯어서 분해해 보는 거야?

하영: (당황스러운 표정으로) 그게 아니라….

하영이와 하진이의 대화에서 알 수 있듯이, 미디어는 다양하고 복잡하여 이해하기 어려운 경우가 많아요. 그처럼 복잡하고 다양하여 이해하기 어려운 내용을 쉽게 이해하기 위해 단순한 요소로 나누어 생각하는 것이 분석입니다. 특히 분석을 통해 우리는 미디어가 전달하는 내용을 파악할 수 있어요.

분석해 보면, 미디어는 기기(container), 내용(contents), 맥락(context)으로 구성되어 있습니다. 기기는 말 그대로 내용을 담고 있는 그릇에 해당하며, 맥락은 발신자와 수신자가 메시지나 정보를 주고받을 때 둘러싸고 있는 모든 환경을 가리킵니다. 앞에서 다뤘던 예를 통해 기기, 내용, 맥락에 대해 살펴볼까요?

하영이는 앞의 자료를 자신의 휴대전화로 보게 되었습니다. 그러므로 기기는 하영이의 휴대전화라고 할 수 있겠지요. 콘텐츠는 미디어 자료의 내용인 '코로나19 재유행 대비 6대 국민 행동 수칙!'입니다. 그렇다면 맥락은 무엇일까요? 맥락은 이 미디어 자료가 나오게 된 배경에 해당해요. 이 미디어 자료는 질병관리청에서 국민을 안내할 목적으로 제작된 것인데, 코로나19의 재유행이 예측되는 상황 및 그 내용을 국민이 알아야 하는 상황 등이 이 미디어를 둘러싼 맥락이라고 볼 수 있습니다.

이처럼 미디어를 분석하는 것은 내용을 담은 기기의 특성, 기기에 담긴 내용, 그리고 그 내용을 둘러싼 맥락에 대해 따져보는 일이에요. 나아가 미디어를 비판적으로 읽는다는 것은 그러한 기기, 콘텐츠, 맥락을 비판적으로 읽는 것을 의미합니다.

상호작용적 매체를 활용해서 소통해요

선생님: 여러분, 지난 시간에 운율, 비유, 상징의 개념에 대해 배웠는데 어
     땠나요?

학생 1: 초등학교 때 배운 개념이어서 낯설지는 않았는데, 개념들을 활용
     하여 생각을 표현하는 건 좀 어려웠어요.

선생님: 그랬을 거예요. 그래서 "아는 것과 표현하는 것은 다르다"라는 말
     도 있잖아요. 앞에서 배운 기법을 활용해서 다양하게 표현해 봤
     는데, 좀 어땠나요?

학생 2: 처음에는 어려웠지만, 다양한 형식으로 표현해 보니 그냥 설명할
     때보다 생생하게 나타낼 수 있었어요.

학생 3: 재미도 있었고, 옆 친구를 잘 이해할 수 있었어요.

선생님: 여러분이 이야기한 것들이 바로 다양한 표현의 효과라고 볼 수 있어
     요. 그런데 혹시 친구들은 어떻게 표현했는지 좀 살펴봤나요?

학생 4: 보고 싶었는데 애들이 감춰서 못 봤어요!

학생 5: 쑥스러워 보여주기 싫었어요!

선생님: 물론 자기가 쓴 것을 남에게 보여주기는 쉽지 않은 일이에요. 하지만 여러 사람의 표현 방식들을 서로 나누게 된다면, 혼자서 생각하고 표현할 때보다 효과적으로 표현하는 방법을 더 많이 배울 수 있습니다.

학생 6: 친구가 무엇을 생각하고 있는지도 알 수 있겠네요.

선생님: 맞아요. 그럼 여러분이 자신을 표현한 결과물들을 다양한 미디어를 활용해서 공유해 볼까요? 공유할 미디어는 자유롭게 선택할 수 있는데, 서로 생각을 주고받을 수 있는 상호작용적 매체가 좋겠어요.

학생들: 그런데 선생님, 상호작용적 매체가 뭐예요?

상호작용적 매체란?

앞의 장면에서, 국어 선생님이 내주신 과제를 효과적으로 수행하려면 어떻게 해야 할까요? 상호작용적 매체로 표현하기 위해, 우선 상호작용적 매체가 무엇이며 어떤 특성이 있는지를 이해할 필요가 있겠지요.

우리는 앞에서 미디어(매체)에 대해 배웠습니다. '어떤 정보를 한쪽에서 다른 쪽으로 전달하는 역할을 하는 것'이 미디어임을 알게 되었어요. 미디어에 대한 이러한 정의를 바탕으로, 우리가 평소에 사용하는 것을 고려해 보면 다음과 같은 생각이 떠오를 수 있습니다.

- 내가 평소에 사용하는 모든 것이 미디어가 아닌가?
- 평소 미디어를 통해 다른 사람의 생각과 느낌을 전달받기도 하고, 때로는 내 생각을 친구들에게 표현하기도 하지 않았는가?
- 미디어는 넓은 의미에서 내가 알고 있는 것뿐만 아니라, 정보 전달의 역할을 하는 모든 것을 포함하겠네!

편지를 다리에 맨 비둘기   파발

휴대전화   SNS

여러 유형의 미디어(매체)

앞에서 제시한 것들이 모두 미디어이긴 하지만, 각각의 특성이 조금씩 다르다는 것을 알 수 있어요. 휴대전화나 SNS를 이용하면 바로 바로 생각을 주고받을 수 있지만, 비둘기나 파발을 통해 전달된 메시지에는 곧바로 답장하기 어렵습니다. 의사소통이 일방향적인 비둘기나 파발에 비해, 휴대전화나 SNS에서는 쌍방향으로 의사소통이 바로바로 이루어진다는 것을 알 수 있지요. 다음과 같은 특징을 가지고 있는 미디어를 상호작용적 매체라고 합니다.

"인터넷 공간에서 다른 사람과 관계를 맺거나, 정보나 의견을 교환하며 소통하는 미디어"

컴퓨터, 스마트폰, 태블릿 PC 등 스마트 기기를 활용한 인터넷 미디어뿐만 아니라, 서로의 생각을 자유롭게 주고받을 수 있는 SNS, 누리집, 온라인 화상 회의 등이 바로 상호작용적 매체에 속합니다. 특히 미디어의 제작자와 이용자가 쌍방향에서 정보를 교류하고 소통할 수 있도록 돕는 SNS는 대표적인 상호작용적 매체라고 할 수 있어요.

대표적인 상호작용적 매체 SNS

상호작용적 매체의 특징

컴퓨터, 스마트폰, 태블릿 PC, SNS, 누리집 등은 어떤 특성을 공통으로 지니기에 상호작용적 매체로 묶였을까요? 지금쯤 여러분은 이것들 모두가 미디어라는 점을 이해하고 있을 거예요. 따라서 이것들이 함께 묶인 것은 '상호작용성'이라는 공통점 때문이겠지요. 그렇다면 상호작용성이란 무엇을 뜻할까요?

미디어의 일방향성

VS

미디어의 쌍방향성

앞의 왼쪽 그림에서는 발신자가 텔레비전(라디오, 신문 등)이라는 미디어를 통해 일방적으로 수신자에게 메시지를 전달하는 모습을 보여주고 있습니다. 오른쪽에서는 발신자와 수신자가 자유롭게 실시간으로 의견을 주고받고 있네요.

오른쪽 그림처럼 발신자와 수신자가 실시간으로 메시지뿐 아니라 의견을 자유롭게 주고받을 수 있는 미디어가 상호작용적 매체입니다. 아래에서 보듯이, 상호작용적 매체는 일방향성을 지닌 미디어와는 다른 특징을 가지고 있습니다.

- 발신자와 수신자가 실시간으로 소통한다.
- 발신자와 수신자 사이의 소통이 활발하게 이루어진다.
- 활발한 소통을 위해 비언어적 표현을 적극 활용한다.
- 발신자와 수신자가 정보를 주고받을 때 시간적·공간적 제약이 크지 않다.

소통 맥락에 따른 상호작용적 매체의 특성

우리가 미디어를 통해 메시지를 주고받기 위해서는 메시지를 보내는 발신자와 그 메시지를 받는 수신자가 있어야 합니다. 당연히 주고받는 내용에 해당하는 메시지가 있어야 하고요. 더불어, 그 메시지를 주고받는 목적이나 메시지를 주고받는 공간에 해당하는 소통 맥락이 있습니다. 우리가 소통 맥락을 고려할 수 있다면 더욱 원활하게 의사소통을 할 수 있을 거예요.

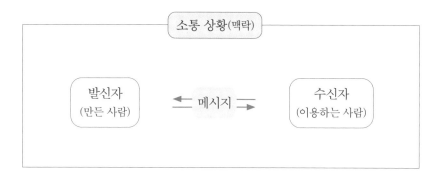

우리가 앞서 살펴본 다양한 상호작용적 매체들은 메시지의 소통 목적이나 소통이 이뤄지는 공간의 특성, 곧 소통 맥락에 따라 발신자와 수신자의 참여 양상이 달라집니다.

1) 공적인 정보의 소통에 목적을 둔 상호작용적 매체

공식 누리집, 공식 밴드나 카페, 온라인 화상 회의 등은 공적인 정보의 소통을 목적으로 활용되는 상호작용적 매체입니다. 우리에게 익숙한 학급 홈페이지, 학교 홈페이지, 반 밴드, 온라인을 통한 수업이나 회의 등이 공적인 정보의 소통을 목적으로 하는 상호작용적 매체입니다.

위 자료는 학급 행사나 특정 과목의 공지 사항을 주고받는 학급 밴드입니다. 왼쪽은 선생님의 공지를, 오른쪽은 학생들의 반응을 보여 주고 있네요. 공적인 정보를 전달하는 공지 사항이어서 그런지 전체적으로 반응이 차분합니다. 게다가 선생님을 의식해서인지 말투나 표현이 공손한 편이고요. 학급 누리집에 올라온 다른 공지 사항에 달린 댓글의 내용을 봐도 별 차이가 없습니다.

학교 및 학급 누리집, 카페, 밴드 등은 개인적인 의견을 주고받기보다는, 학급이나 학교의 공지 사항, 학급 준비물, 과제 등의 정보 제공과 확인 등 공적인 정보의 공유에 초점을 둔 미디어라 볼 수 있어요. 이러한 공간에서는 정보가 형식에 맞게 게시되어, 정보를 제공하는 사람과 정보를 받는 사람 모두에게 의미 있는 공간이 됩니다.

그러한 공적인 정보는 미디어의 형식에 맞게 제시되는 경우가 많기에, 서로 예의를 갖추고 소통해야 합니다. 예를 들어, 학급 밴드에는 학급 친구들뿐만 아니라 담임 선생님과 교과 선생님도 참여할 때가 많아요. 그처럼 공적인 정보를 주고받는 공간에서, 친구들이 있다고 하여 너무 사적이고 예의에 어긋난 표현을 하는 일은 삼가야 해요. 이들 공간에서는 모든 참여자가 형식과 격식을 갖추어야 하므로, 각자의 생각과 감정을 자유롭게 공유하기는 어려울 가능성이 큽니다.

2) 소통의 개방성을 특징으로 하는 상호작용적 매체

우리가 앞에서 살펴본 학급 밴드 등은 발신자와 수신자가 자유롭게 소통하는 공간으로 보기는 어려워요. 물론 이들 미디어에서도 발신자가 보낸 메시지에 댓글을 달면서 질문하거나, 이모티콘 등으로 간단한 감정을 표현할 수는 있어요. 하지만 생각이나 감정을 자유롭게 공유하기란 어렵습니다. 공적인 공간이므로 공적인 정보를 소통하는 것이 이들 공간의 특징이라고 할 수 있어요.

이와 달리, 우리가 평소에 자주 이용하는 SNS, 개인 블로그, 동영상 공유 플랫폼 등에서는 생각이나 감정 등을 자유롭게 공유하면서, 발신자와 수신자가 활발하게 상호작용하는 경우가 많습니다. 다양한 관심을 가진 사람들이 자기의 생각과 감정을 효과적으로 전달하기 위해, 영상이나 이미지 등을 자유롭게 공개하는 특징을 가지고 있지요. 하지만 개인정보가 유출되거나, 상대의 기분을 상하게 할 수 있는 의견 등이 무분별하게 공유되기도 합니다.

다음은 그러한 미디어 자료의 특성을 잘 보여주는 사례입니다. 튀르키예에 지진이 났을 때, 우리나라 119 구조 대원들이 그곳에 가서 인명구조 작업을 벌인 적이 있는데요. 그 일에 대해 상호작용적 매체에서 친구끼리 주고받은 대화 내용이에요.

4:31 PM 🎧   ▂▃▅ 🔋

모든 활동자 ▾

오늘

친구 1_
얘들아, 터키 지진 수습 현장에서 우리나라 구조대가 이름을 날리고 있다며?

친구 2_
😊 우리나라 119 구조대는 인명구조에서 세계적 수준인 것 같아!

친구 3_
형제 국가가 어려울 때 돕는 것이 인지상정이지!

좋아요 10개   답글 달기

친구 4_
그런데 튀르키예가 언제부터 우리의 형제 국가였어?

→ **친구 5_**
튀르키예? 난 처음 듣는 말인데, 국가 이름이냐?

→ **친구 6_**
'터키'. 뉴스 좀 보고 살아라. 터키가 튀르키예로 이름을 바꿨잖아!

친구 3_
튀르키예 교과서에 한국이 형제 국가라고 나와 있다는데, 이보다 더 확실한 근거가 어디 있냐?

→ 친구 7_
그 말이 사실이라면, 우리를 형제라고 생각하는 국가가 있다니 든든한데!

친구 3_
또 터키가 6.25 전쟁 때 우리를 도왔으니, 형제 국가라고 할 수 있지 않을까?

→ 친구 8_
옳은 말씀!

→ 친구 7_
그 말이 사실이라면 대박이다! 우리와 형제라고 할 만한 나라가 있다니!

친구 3이 말한 '튀르키예 교과서에 한국이 형제 국가라고 실렸다'는 것은 확인해 보면 사실이 아닙니다. 튀르키예는 6.25 전쟁 때 군대를 파견하여 우리를 도왔고, 이번에는 우리가 튀르키예의 재난 수습을 도왔으니, 친분이 깊은 것은 사실이에요. 그렇지만 친분이 깊다는 것을 강조하기 위해 '교과서에 실렸다'는 식으로 확인되지 않은 정보를 제시하는 것은 진정한 두 나라의 관계를 위해서 바람직하지 않아요. 과장이나 허상이 아니라, 실제의 현실을 토대로 관계를 맺고 이어가는 것이 바람직하기 때문입니다.

상호작용적 매체를 이용할 때 유의할 점

상호작용적 매체는 발신자와 수신자의 상호작용을 기본으로 합니다. 그러므로 상호작용적 매체를 사용할 때는 항상 상대방을 배려하고 존중하려고 노력해야 해요. 보통 공적인 정보의 소통을 목적으로 하는 공간에서는, 참여자끼리 예의를 갖추고 소통 목적에 맞는 메시지를 주고받으며 소통하려고 노력하지요.

하지만 소통 공간의 특성상 발신자와 수신자가 자유롭게 소통하는 SNS 등에서는 발신자의 정보가 익명인 상태로 제공됩니다. 그렇다 보니, 자신의 생각과 느낌을 나타내며 과격하거나 예의에 어긋난 표현을 사용하는 경우가 많아요. 재미나 장난으로 무심코 던진 한마디의 말이 상대의 감정을 상하게 하거나 분노를 유발하여 갈등으로 치달을 수 있어요. 그러므로 언어 사용과 인터넷 예절에 더욱 유의하여 미디어 활동에 참여할 필요가 있습니다.

또한 상호작용적 매체에서는 불특정 다수가 참여하여 활동하므로, 개인정보나 사진, 영상 등의 공개에 신중해야 해요. 인터넷에 한 번 공개된 정보는 빠른 속도로 전 세계로 퍼져나가, 지우고 싶어도 지우기 어려운 상황이 생길 수 있습니다. 그렇게 공개된 정보는 범죄나 정보조작 등에 악용될 수 있으므로, 정보를 공유할 때는 항상 신중해야 합니다.

상호작용적 매체에서는 누구와도 친구가 될 수 있어요. 하지만 그러한 편리성을 이용해서, 정직하지 않은 방법으로 소통하여 무엇인가를 얻어내려는 사람들이 많습니다. 따라서 신뢰할 만한 대상과 관계를 맺으려고 노력해야 해요. 상호작용적 매체를 통해, 잘 모르는 사람이 보낸 전자 우편이나 인터넷 주소를 함부로 클릭하는 일은 매우 위험한 행동이 될 수 있어요. 그러니 미디어를 이용할 때는 항상 유의해야 합니다.

이것만은 알아두세요

1. 상호작용적 매체

인터넷 공간에서 다른 사람과 관계를 맺거나, 정보나 의견을 교환하며 소통하는 미디어

2. 상호작용적 매체의 종류

1) 공적인 정보의 소통에 목적을 둔 상호작용적 매체: 공식 누리집, 공식 밴드나 카페, 온라인 화상 회의 등

2) 소통의 개방성을 특징으로 하는 상호작용적 매체: SNS, 개인 블로그, 동영상 공유 플랫폼 등

3. 상호작용적 매체를 이용할 때 유의할 점

- 발신자와 수신자의 상호작용을 기본으로, 상호작용적 매체를 사용할 때는 항상 상대방을 배려하고 존중해야 한다.

- 상호작용적 매체에는 불특정 다수가 참여하여 활동하므로, 개인정보나 사진, 영상 등의 공개에 신중해야 한다.

- 누구와도 관계를 맺을 수 있지만, 신뢰할 만한 대상과 관계를 맺어야 한다.

풀어볼까? 문제!

1. 상호작용적 매체는 발신자와 수신자의 상호작용이 활발하게 이루어지는 미디어이다.

(O X)

2. 다음에서 공적인 정보의 소통에 목적을 둔 상호작용적 매체로 보기 어려운 것은 무엇인가요?

① 공식 밴드

② 공식 카페

③ 공식 누리집

④ 동영상 플랫폼

⑤ 온라인 화상 회의

3. 상호작용적 매체를 이용할 때 유의할 점에 해당하는 것은 무엇인가요?

① 공식 카페 등에서 친분을 위해 사적인 언어를 사용해도 무방하다.

② 누구와도 관계를 맺을 수 있으므로 가급적 많은 사람과 관계를 맺는다.

③ 발신자와 수신자가 자유롭게 정보를 교환하는 공간이므로 함부로 해도 된다.

④ 디지털 공간에서는 자료의 삭제가 원활하므로 자유롭게 마음껏 자료를 올려도 된다.

⑤ 상호작용적 매체에는 불특정 다수가 참여하여 활동하고 있으므로, 개인정보나 사진, 영상 등의 공개에 신중해야 한다.

정답

1. ○

2. ④

3. ⑤

대중 매체와 개인 인터넷 방송을 비교해요

하영: (텔레비전과 스마트폰 동영상을 번갈아가며 보는 하진에게) 아, 동생아, 정
　　　신없다. 둘 중 하나만 볼 수 없니?

하진: 왜? 언니 텔레비전에서 보고 싶은 게 있구나!

하영: (약간 움찔하며) 어떻게 알았지? 근데 텔레비전이랑 동영상 내용이
　　　둘 다 머리에 들어오니?

하진: 쏙쏙 들어오는데! 하나만 볼 때보다 더 재밌어. 두 가지를 한 번에
　　　볼 수 있으니 시간도 절약되고.

하영: 아주 알뜰하네. 공부를 그렇게 하지!

하진: 근데, 텔레비전은 댓글을 달 수 없어서 영 별로야.

하영: 대중 매체니까 그렇지.

하진: 대중 매체? 그게 뭐야? 동영상에서는 댓글을 신나게 달 수 있는데.

하영: 그건 개인 인터넷 방송이니까.

하진: 대중 매체는 뭐고 개인 인터넷 방송은 뭐야? 그냥 재밌으면 되지,

왜 그런 것들로 나누는지 통 알 수가 없네~.

하영: ?

여러분, 대중 매체라는 말을 혹시 들어봤나요? 대중 매체는 간단히 말해서 대중(大衆)이 이용하는 미디어를 뜻합니다. 같은 의미로, 대중 매체를 흔히 매스미디어(mass media)라고도 부르지요.

그렇다면 많은 사람이 이용하는 미디어에는 어떤 것들이 있을까요? 사람들이 많이 접하는 책이나 신문, 라디오, 텔레비전 등도 있고, 유튜브, 숏츠 등과 같은 동영상 플랫폼도 있습니다. 책이나 텔레비전처럼 사람들이 많이 이용하는 미디어를 대중 매체라고 부른다면, 유튜브나 숏츠 등도 대중 매체일까요?

유튜브, 숏츠 등도 사람들이 많이 이용하는 미디어인 것은 맞아요. 하지만 많은 사람에게 대량으로 정보를 전달하는 것은 아니라는 점에서, 대중 매체와 구별하여 개인 인터넷 방송이라고 부릅니다. 대중 매체와 개인 인터넷 방송은 다음과 같은 차이를 지니고 있어요.

대중 매체와 개인 인터넷 방송의 개념

신문, 책, 텔레비전 등과 같이, 불특정한 많은 사람에게 대량으로 정보를 전달하는 미디어를 대중 매체라고 합니다. 이와 달리 온라인을 통해 개인이 직접 방송을 제작하고 전달하는 미디어를 개인 인터넷 방송이라고 해요.

신문이나 책과 같은 전통적인 미디어는 디지털 기술이 발전하기 이전에 개인과 사회에 많은 영향을 미쳤습니다. 하지만 전자 기술이 급속도로 발전하면서 신문이나 책 등의 영향력은 감소한 반면, 디지털 기술을 장착하여 제작된 라디오와 텔레비전 프로그램 등은 여전히 대중에게 큰 영향력을 발휘하고 있습니다.

대중 매체의 제작에는 여러 전문가가 참여합니다. 프로듀서, 기술 감독, 영상 감독, 음향 감독 등 여러 방송 관련 전문가가 참여하여 대중 매체를 제작하지요. 이에 비해 개인 인터넷 방송은 개인이 제작에 참여하여 방송을 만듭니다.

언어 표현과 주제의 선택에 영향을 미치는 규제 방식과 수익 구조

대중 매체는 불특정한 다수에게 다량의 정보를 한꺼번에 전달하기에 영향력이 매우 큽니다. 만약 대중 매체를 통해 잘못된 정보나 확인되지 않은 정보가 전달된다면, 가늠하기 힘들 정도로 공동체에 좋지 않은 영향을 끼칠 수도 있어요. 그래서 텔레비전과 라디오의 경우에는 '방송통신위원회'의 규제를 받고, 신문은 '언론중재위원회'의 조정이나 중재를 받습니다.

제51조(방송언어)

③ 방송은 바른 언어생활을 해치는 억양, 어조, 비속어, 은어, 저속한 조어 및 욕설 등을 사용하여서는 아니 된다. 다만, 프로그램의 특성이나 내용 전개 또는 구성상 불가피한 경우에는 예외로 한다. 〈개정 2014.1.9., 2014.12.24.〉

방송 심의에 관한 규정

제16조(직무) 시정권고소위원회는 다음 각 호의 사항을 심의·의결한다. 〈개정 2012.3.5.〉

1. 법 제32조 제1항에 규정된 국가, 사회, 타인의 법익 침해 사항
2. 시정권고 심의기준의 제·개정
3. 그 밖에 시정권고와 관련하여 위원장이 회의에 부치는 사항

언론중재위원회 기본 규칙

대중 매체가 정부 기관의 규제를 받는 또 하나의 근거가 있어요. 대표적인 대중 매체인 텔레비전 방송을 보자면, 광고비나 자체 수익 사업 등을 통해 얻는 수익 말고도 시청자가 내는 수신료, 정부 지원금 등에서 방송의 운영 및 제작에 필요한 비용을 얻습니다. 이처럼 텔레비전 등의 대중 매체는 시청자의 수신료와 정부가 지원하는 보조금의 도움을 받을 수밖에 없기에, 정부의 규제를 받게 되는 거예요.

이에 반해 개인 인터넷 방송에서는 개인이나 영상을 제작하는 플랫폼의 규제를 자율적으로 시행합니다. 개인 인터넷 방송의 규제와 관련하여 '한국인터넷자율정책기구'라는 것이 있긴 하지만, 이 기구에 참여하는 방송 제작자가 그리 많지는 않아요.

개인 인터넷 방송이 방송임에도 불구하고, 방송 심의 규정 등의 규제에서 자유로운 이유는 무엇일까요? 정부 기관으로부터 어떠한 보조도 받지 않고, 구독자 수와 조회 수에 따라 수익을 얻기 때문이에요. 보조금을 지급하는 정부나 시청료를 제공하는 국민을 고려할 수밖에 없는 대중 매체와 달리, 개인 인터넷 방송에서는 구독과 조회 수에 영향을 미치는 특정 개인의 취향을 고려하는 것이 수익 창출에 더 유리합니다.

대중 매체와 개인 인터넷 방송의 주제와 소통 방식

앞에서 살펴본 것처럼, 대중 매체는 다량의 정보를 불특정한 다수의 사람에게 한꺼번에 전달하는 특징을 지닙니다. 따라서 특정인이 좋아하는 주제나 내용을 다루기보다는 대중이 관심을 가질 만한 내용을 다루지요. 텔레비전 방송을 예로 들자면, 수익 구조 측면에서 볼 때 시청료를 지불하는 일반 국민의 취향을 고려할 수밖에 없습니다.

위에서 제시한 방송 심의에 관한 규정이나 '신문 윤리 강령' 등에 따르면, 대중 매체에서는 비교적 정제된 언어를 사용해야 해요. 또 제작된 정보가 대중 매체의 제작자로부터 이용자에게 일방향적으로 제공되는 경향이 있습니다. 물론 특정 대중 매체의 프로그램에서, 시청자와의 통화 등을 통해 실시간으로 이용자의 반응을 점검하는 경우가 있긴 해요. 하지만 매우 제한된 시간에 한정적인 내용을 다루기에 일반적인 경우라고 보기는 힘듭니다.

그에 비해 개인 인터넷 방송에서는 수익에 직접 영향을 미치는 구독자 수와 조회 수를 높이기 위해서, 특정한 시청자가 관심을 가질 만한 주제를 다루는 경향이 있어요. 물론 간혹 제작자 자신이 좋아하는 주제를 다루기도 하지만, 결국 우선적으로 고려하는 것은 구독자 수와 조회 수라고 볼 수 있습니다.

또한 인터넷 방송에서는 시청자의 관심을 끌기 위해 비교적 자유로운 언어를 사용하곤 해요. 무엇보다도 제작자와 시청자 사이의 상호작용이 활발하게 이루어지며, 어떤 경우에는 방송 운영자가 시청자의 반응을 살펴 가며 콘텐츠의 내용을 도중에 변경하기도 합니다.

대중 매체와 개인 인터넷 방송의 영향력

대중 매체는 전문성을 바탕으로 정확한 정보를 제공할 수 있으므로 사회적 영향력이 큽니다. 또한 대중 매체는 불특정 다수에게 많은 정보를 한꺼번에 전달할 수 있기에, 그 영향력이 막대하다고 할 수 있어요. 정부가 대중 매체를 제작하는 기관에 보조금 등을 지원하면서,

언어 사용이나 내용 등을 규제하는 이유도 여기에 있습니다. 잘못된 정보나 확인되지 않은 정보가 많은 사람에게 전달되어 사실로 인식될 경우, 공동체에 막대한 피해를 줄 수 있기 때문이에요.

개인 인터넷 방송은 시간과 장소에 구애받지 않고 방송을 시청할 수 있기에, 점점 그 영향력이 커지고 있습니다. 가령 대표적인 대중 매체인 텔레비전 방송은 방영 시간이 정해져 있지요. 따라서 특정 시간에 방송을 시청해야 하고, 텔레비전이 있는 공간에서만 이용할 수 있습니다. 그에 반해 개인 인터넷 방송은 인터넷이 가능한 모든 장소에서 어느 때나 시청할 수 있다는 장점이 있어요. 개인 인터넷 방송의 그러한 장점 덕에, 갈수록 시청자 수가 늘고 있으며 그만큼 개인 인터넷 방송의 영향력 또한 커져만 가고 있습니다.

개인 인터넷 방송의 영향력이 커지면서 대중 매체의 영향력이 줄어든 것은 사실이지만, 그렇다고 해서 대중 매체의 영향력이 모두 사라졌다는 말은 아니에요. 대중 매체의 제작에 참여했던 전문가가 다른 주제로 개인 인터넷 방송을 제작할 수도 있고, 개인 인터넷 방송에서 다루던 특정한 주제를 대중 매체에서도 다룰 수 있거든요. 아울러 기술이 발달하고 보편화되면서, 대중 매체 제작에 사용하던 장비를 개인 인터넷 방송을 제작하는 데 사용할 수도 있지요. 또 대중 매체에서 다뤘던 콘텐츠가 인터넷을 통해 시간과 공간의 제약 없이 반영되기도 하고요. 즉 대중 매체와 개인 인터넷 방송은 어느 한쪽이 다른 쪽의 영향력을 대신하는 것이 아니라, 서로에게 영향을 주면서 발전하고 있는 거예요.

이처럼 대중 매체와 개인 인터넷 방송은 서로의 특성을 교환하고 보완하면서 함께 나아가고 있습니다. 대중 매체와 개인 인터넷 방송 모두 다른 미디어와 마찬가지로 장점과 단점을 가지고 있어요. 우리가 두 미디어를 슬기롭게 이용하려면, 미디어의 특성에 관심을 기울여 살펴보고 미디어에서 전달하는 내용을 판단해 보는 것이 중요합니다. 또 미디어를 어떻게 이용하고 있는지 스스로 되돌아보고, 바람직한 미디어 이용 방법은 무엇인지 친구들과 이야기를 나누어 보는 일도 필요하겠지요.

이것만은 알아두세요

대중 매체와 개인 인터넷 방송의 비교

	대중 매체	개인 인터넷 방송
개념	신문, 책, 텔레비전 등과 같이 많은 사람들에게 대량으로 정보를 전달하는 미디어	온라인을 통해 개인이 직접 방송을 제작하고 전달하는 미디어
제작자	여러 전문가	개인
내용	대중적인 주제	자신이 좋아하는 콘텐츠
표현 및 소통 방식	− 비교적 정제된 언어를 사용함. − 제작자가 이용자에게 일방향적으로 내용을 전달함.	− 언어 표현이 비교적 자유로움. − 제작자와 이용자 사이에 활발한 상호작용이 이루어짐.
수익 구조	수신료, 광고비, 정부 지원금, 수익 사업 등	조회 수, 구독자 수 등
규제 방식	텔레비전과 라디오는 방송통신위원회에서 규제, 신문은 언론중재위원회에서 조정하거나 중재함.	개인이나 온라인 플랫폼 사업자가 자율적으로 규제함.
영향력	전문성을 바탕으로 정확한 정보를 제공할 수 있기에 사회적 영향력이 큼.	시간과 장소에 구애받지 않고 방송을 시청할 수 있어서 점점 영향력이 커짐.

풀어볼까? 문제!

---

1. 온라인을 통해 개인이 직접 방송을 제작하고 전달하는 미디어를 무엇이라고 할까요?

2. 정부 기관의 규제를 받아 비교적 정제된 언어를 사용하는 미디어는 무엇인가요?

3. 다음 중 대중 매체의 수익원으로 보기 어려운 것은 무엇인가요?

① 수신료

② 광고료

③ 정부 지원금

④ 수익 사업

⑤ 구독자 수

정답

1. 개인 인터넷 방송

2. 대중 매체

3. ⑤

광고나 홍보물의 재현 방식을 분석해요

우리는 미디어를 통해 특별한 경험이나 소중한 순간을 기록하고 공유하는 때가 많습니다. 특히 SNS의 게시물이나 프로필 사진을 살펴보면, 작성자가 어떤 일상을 보내고 있는지 쉽게 확인할 수 있지요. 우리는 때로 친구의 SNS 게시물을 보며, '나는 이렇게 힘든데 친구는 매일매일이 즐겁구나'라는 생각이 들기도 합니다. 하지만 정말 그 친구는 매일매일의 일상이 즐겁기만 할까요?

여러분의 SNS 게시물이나 프로필 사진에는 어떤 모습이 담겨 있나요? 웃고 있는 모습이나 멋지고 특별한 순간을 담은 사진일 수도 있겠지요. 그런데 그 사진이 여러분 일상의 모든 순간을 담고 있지는 않다는 점에 주목해 보세요. 수많은 순간 가운데 가장 멋지고 특별한 한 장면만을 선택해서 올린 것인지도 모릅니다.

여러분이 학교에서 활짝 웃고 있는 모습만 SNS에 올린다면, 다른 사람들은 여러분이 고민 없이 즐거운 학교생활을 하고 있다고 생각할 거예요. 하지만 실제 여러분의 모습은 미디어를 통해 표현한 모습과 다를 수 있잖아요?

이처럼 미디어에 보이는 것이 전부가 아니라는 사실을 알아야 합니다. 미디어에 담긴 현실이 실제 세계의 전부가 아니라는 것을 이해한다면, 미디어가 보여주는 세상을 올바르게 판단하는 데 많은 도움이 될 거예요.

재현의 개념과 영향력

SNS나 프로필 사진에 일상의 모습을 담을 수 있는 것처럼, 미디어는 우리에게 현실을 '다시' 보여줍니다. 이렇게 현실을 다시 보여주는 것을 '재현'이라고 해요. 우리들의 삶을 영화, 웹툰, 광고 등 다양한 미디어 유형을 통해 확인할 수 있듯이, 모든 미디어는 현실을 재현합니다.

앞서 우리는 미디어가 현실의 일부만 보여준다는 것을 확인했습니다. 그 이유는 무엇일까요? 어떤 미디어든 정해진 분량이 존재합니다. 영상 광고라면 보통 1분 이내의 시간에 현실의 모습을 담아내고, 인쇄 광고라면 제한된 크기의 지면에 현실을 담아내게 되지요.

이처럼 미디어의 제한된 시간과 공간으로 인해, 미디어 생산자는 현실의 일부를 선택하여 재현할 수밖에 없습니다. 즉 미디어의 재현은 현실을 객관적으로 드러낸 것이 아니라, 미디어 생산자의 선택이 반영된 결과라는 뜻이에요.

광고뿐만 아니라 우리가 접하는 뉴스, 영화, 웹툰 등 모든 미디어 자료는 현실을 있는 그대로 반영하는 것이 아닙니다. 미디어 생산자의 관점과 의도에 따라, 현실의 일부를 선택적으로 재구성한 것이에요.

예를 들어 영화나 웹툰에서 특정한 직업이 등장할 때, 그 직업에 종사하는 사람들의 다양한 특성이 반영되지 않고 특정한 모습만 나타나는 경우가 많습니다. 특히 주인공이 아닌 출연 비중이 낮은 인물일수록, 그 인물과 관련된 특성이 드러날 기회는 더 적을 수밖에 없어요. 결국 주어진 분량 안에서, 대상의 어떤 모습을 드러낼 것인지 선택해야만 하는 것이지요.

미디어의 재현이 중요한 이유는, 미디어가 현실을 어떻게 재현하느냐에 따라 우리가 세상을 바라보는 방식이 달라질 수 있기 때문이에요. 우리는 미디어를 통해, 직접 경험하지 못하는 많은 것들을 간접적으로 만나게 됩니다.

예를 들어 우리가 직접 가보지 않은 국가라도, 뉴스나 개인 방송 등을 통해서 그 나라에 대한 정보를 얻을 수 있어요. 그런데 만약 미디어 생산자가 특정 국가나 민족에 대한 부정적인 모습만 보여준다면, 우리는 그 나라에 대한 편견을 갖게 될지도 몰라요. 반대로 우리가 다양성을 강조하는 광고나 홍보물을 접하게 된다면, 다른 문화와 가치관을 이해하고 존중하는 태도를 형성하는 데 영향을 받을 수 있겠지요.

이처럼 미디어의 재현 방식은 우리의 현실 인식과 가치관에 영향을 줍니다. 부적절한 재현은 특정 집단에 대한 부정적인 생각을 강화하고, 현실을 제대로 이해하지 못하게 만들 수 있어요. 반면에 다양성을 존중하는 재현 방식은 상호 이해와 존중의 가치를 높일 수 있습니다.

따라서 우리는 미디어가 현실의 어떤 부분을 보여주고 있는지 주의 깊게 살펴봐야 합니다. 모든 미디어는 생산자의 관점에서 현실을 재현할 수밖에 없기 때문에, 균형 잡힌 시각을 갖기 위해서는 다양한 미디어를 살펴보며 판단하는 자세가 필요해요. 미디어가 현실을 재현하는 방식을 이해한다면, 현실에 대한 균형 잡힌 시각을 가질 수 있을 거예요.

균형 잡힌 시각을 위한 미디어의 재현 방식 이해하기

미디어 자료가 현실을 재현하는 방식

미디어가 현실을 재현하며 모든 것을 보여줄 수는 없기 때문에, 미디어 생산자는 어떤 부분을 선택하고 배제할지 결정하게 됩니다. 이 과정에서 미디어는 생산자의 관점과 의도를 반영하게 됩니다.

예를 들어, 어떤 지역에 자연재해가 발생했다고 가정해 볼까요? 이때 뉴스 생산자는 그 지역의 긍정적인 사건을 배제하고, 피해 상황이나 구조 작업 등을 보여줄 수 있어요. 뉴스 생산자가 그러한 선택과 배제를 결정했다면, 자연재해가 다른 사건보다 더 중요하고 심각한 문제라고 생각한 생산자의 의도가 반영된 것입니다.

한 사건에 대해 어떤 부분을 선택하고 배제하느냐에 따라, 전혀 다른 시각을 제시할 수 있어요. 우리는 뉴스나 SNS에서 접하는 미디어 자료를 통해, 사회적 사건에 대한 정보를 얻습니다. 그런데 그러한 정보가 사건의 특정 부분을 배제한 것이라면 어떻게 될까요? 그 미디어 자료만 보고 사건의 전부를 이해했다고 할 수 없을 거예요. 사회적으로 논란이 되는 사건이 발생했을 때, 일부 미디어 자료만 보고 함부로 누군가를 비난해서는 안 되는 이유이기도 합니다.

광고에서도 비슷한 현상이 나타나요. 어떤 제품 광고에서는 그 제품의 장점만 반복적으로 강조하고, 단점이나 부작용에 대해서는 언급하지 않습니다. 그렇게 되면 광고를 본 소비자들은 그 제품을 완벽한 것처럼 여기게 되고 객관적으로 평가하기 어려울 수 있어요.

또한 광고에서 특정한 가치관이나 삶의 방식만 선택적으로 보여준다면, 그러한 가치관이나 삶의 양식이 일반적인 기준으로 간주될 수 있습니다. 예를 들어, 일부 화장품 광고에서는 현실에 존재하는 다양한 외모를 배제한 채 일부 연예인의 모습만 보여주지요. 그로 인해 사람들은 광고 속 모델의 모습이 아름다움의 기준인 양 오해하게 됩니다.

미디어 자료에 담긴 현실이 선택과 배제의 결과라면, 우리는 미디어 자료를 어떻게 보아야 할까요? 미디어 자료에 담긴 모습이 현실의 일부라는 점을 기억해야 합니다. 그리고 미디어 자료에 담긴 모습이 현실과 얼마나 같고 다른지 판단할 수 있어야 하지요. 미디어 자료의 생산자가 어떤 의도와 관점으로 현실을 선택하고 배제했는지 비판적으로 파악하는 것이 중요합니다.

그러기 위해서 같은 대상을 다룬 다양한 미디어 자료를 비교할 수 있습니다. 다양한 미디어 자료를 비교해 보면 어떤 부분이 선택되고 배제되었는지, 선택과 배제를 통해 어떤 의도를 드러내고 있는지 등을 판단하는 데 도움을 얻을 수 있어요.

선택과 배제의 문제는 미디어를 수용할 때뿐만 아니라 미디어를 생산할 때도 고려해야 해요. 영상에 무심코 삽입한 사진 한 장이 생산자의 의도와는 다르게, 대상의 특정한 모습만 선택적으로 보여줄 수 있습니다. 따라서 미디어 자료를 생산할 때 더욱 신중한 자세가 필요합니다.

광고 분석의 단계

광고에 나타난 재현 방식의 적절성은 어떻게 파악할 수 있을까요? 광고를 분석하는 단계를 통해, 광고에 나타난 재현 방식의 적절성을 살펴봅시다.

1) 광고 선택하기

첫 번째 단계는 분석할 광고를 선택하는 거예요. 광고는 다양한 미디어에서 볼 수 있으며, 텔레비전 광고, 소셜미디어 광고, 잡지 광고 등 여러 형태가 있습니다. 분석할 대상인 광고는 명확한 주제를 가지고 있어야 해요. 사람들에게 전하려는 대상이나 메시지가 분명하게 드러나는 광고를 선정하는 것이 좋습니다.

2) 광고 내용 분석하기

선택한 광고의 내용을 분석하는 단계입니다. 여기서는 광고에 등장하는 문구, 이미지, 인물 등을 통해 광고의 핵심 내용을 파악해요. 광고가 어떤 상황이나 배경을 설정하고 있는지도 중요한 요소예요. 이러한 요소들을 통해 광고의 주제, 예상 수용자, 제작 의도 등을 파악합니다.

3) 재현 방식 분석하기

먼저, 광고에서 선택된 요소와 배제된 요소를 분석합니다. 어떤 인물이나 상황이 강조되었는지, 반대로 어떤 내용이 생략되었는지를 살펴봅니다. 소재나 주제가 유사한 광고를 함께 비교하며 분석해 보면, 어떤 내용이 선택되고 배제되었는지를 파악하는 데 도움이 될 거예요.

다음으로, 광고에 그려진 현실의 모습에 편견이나 고정관념이 반영되지는 않았는지 분석합니다. 성별, 인종, 나이, 직업 등을 중심으로,

고정관념을 드러내거나 부정적으로 대상을 묘사하지는 않았는지 분석합니다.

4) 광고의 적절성 평가하기

분석한 내용을 종합하여 광고의 적절성을 평가합니다. 광고에 담긴 내용과 표현 방식이 사회적으로 적절한지 판단해 봅니다. 광고의 재현 방식이 사회에 미칠 영향력을 고려하여, 광고의 적절성을 평가하는 것이 중요해요.

광고 분석을 위한 질문

- 어떤 인물이 등장하나요?
- 어떤 상황이나 배경이 설정되어 있나요?
- 어떤 모습이 선택되고 배제되었나요?
- 편견이나 고정관념이 반영되지 않았나요?
- 특정 대상을 부정적으로 묘사하고 있지 않나요?
- 대상의 어떤 면을 반복하고 강조하고 있나요?
- 내가 광고 속 인물이라면 어떤 기분이 들까요?

시각적 요소	그림, 사진, 화면의 밝기 등이 어떤 의미를 전달하는지 분석한다.
청각적 요소	배경음악, 효과음 등이 어떤 의미를 전달하는지 분석한다.
언어적 표현	문구, 자막, 내레이션, 대사 등에 담긴 의미를 분석한다.

광고의 의미 파악을 위한 분석 요소

선택과 배제	미디어 자료에 현실의 모습을 선택하고 배제하는 과정에서 현실을 왜곡하지 않았는지 분석한다.
편견과 고정관념	성별, 인종, 나이, 직업, 지역, 계층 등에 대한 편견이나 고정관념이 있는지 분석한다.
부정적 묘사	특정 집단이나 개인에 대한 부정적인 묘사가 있는지 분석한다.

광고의 재현 방식 파악을 위한 분석 요소

광고의 재현 방식 분석하기

편견과 고정관념

광고는 제품이나 서비스를 효과적으로 알리기 위해 제작되지만, 종종 사회적 편견과 고정관념을 반영하기도 해요. 특히 남녀의 성역할과 인종에 대한 고정관념이 광고에 반영되어, 부정적인 영향을 미치기도 합니다.

많은 광고에서 여성과 남성의 전통적인 성역할을 재현하는 경우를 볼 수 있는데요. 가령 생활용품 광고에서, 여성이 가사노동을 하거나 육아와 요리를 전담하는 모습으로 묘사되곤 합니다. 반면 남성은 직장인이나 기술자로 등장하여, 전문성과 권위를 나타내는 경향이 있지요. 그처럼 성역할이 고정된 모습을 반복적으로 노출하면, 사람들은 그러한 성역할을 당연한 것으로 여기게 됩니다. 또한 현실에서도 여성과 남성의 역할이 달라야 한다는 편견을 강화할 수 있어요.

인종에 대한 고정관념도 광고에 자주 나타나는 문제입니다. 일부 화장품 광고에서는 하얀 피부와 큰 눈처럼 서구적인 외모를 이상적인 아름다움의 기준으로 강조하곤 하는데요. 이는 다양한 인종의 외모를 존중하지 않는 것으로, 인종에 대한 차별적인 태도를 갖게 할 수 있어요. 심지어 일부 광고에서는 특정 인종을 범죄자나 하층민으로 묘사하기도 합니다.

이처럼 광고에 반영된 편견과 고정관념은 시청자들에게 큰 영향을 미칠 수 있습니다. 특히 어린이와 청소년이 그런 광고를 반복적으로 접하게 되면, 가치관 형성에 부정적인 영향을 끼치기 쉬워요. 또한 성인들도 무의식적으로 광고에 담긴 편견을 받아들일 가능성이 커지지요. 그로 인해 사회 전반에 걸쳐 차별과 불평등이 지속되고 심화될 수 있습니다.

따라서 광고에 재현된 현실의 모습을 비판적으로 바라볼 필요가 있어요. 광고가 성별, 인종, 나이, 지역, 직업, 계층 등에 대해 편견이나

당신이 사는 곳이 당신의 가치를 말해줍니다

명품 아파트 OOO
11월 GRAND OPEN

사전예약
혜택

선착순
입주

고정관념을 드러내고 있지 않은지 유의해야 합니다.

아파트를 홍보하는 위의 광고에는 사람의 가치를 아파트와 같은 물질적인 요소로 판단하는 편견이 담겨 있습니다. '명품 아파트'라는 표현과 고급스러운 장식을 활용하여, 사람의 가치에 대한 편견을 드러내고 있지요. 이런 광고에 무감각해진다면, 우리 사회는 잘못된 가치관으로 인한 문제를 겪게 될 거예요. 이와 같은 편견을 드러내는 광고는 잘못된 기준으로 사람들을 구분 짓고, 나아가 차별을 정당화할 수 있습니다.

부정적 묘사

미디어 재현의 또 다른 문제는 특정 집단을 부정적으로 묘사하는 것입니다. 이는 해당 집단에 대한 편견과 차별을 강화하는 결과를 낳을 수 있어요. 대표적으로, 미디어에서 장애인과 노인을 부정적인 이미지로 재현하는 경우를 들 수 있습니다.

일부 광고에서 장애인은 무기력하고 불쌍한 존재로 그려지기도 합니다. 그러한 재현은 장애인이 불행하고 도움이 필요한 약자라는 고정관념을 심어줄 수 있어요. 또한 장애인의 능력을 축소하거나 부정하는 경우도 있는데요. 장애인이 스스로 일상생활을 하거나 직업을 구하는 모습을 그리며, 마치 특별하고 어려운 일인 것처럼 부각하기도 하지요. 그러면 장애인은 일반적인 직업 활동을 하기 어려운 사람이라는 편견을 불러일으킬 수 있습니다.

그와 달리, '슈퍼 장애인'의 모습으로 장애인을 재현하기도 합니다. 하지만 그런 때조차 생각해 볼 문제가 있어요. 특정한 분야에서 뛰어난 능력을 발휘하는 장애인을 영웅처럼 과장해서 묘사하면, 사람들이 장애인에 대해 잘못 이해하게 될 수 있거든요. 또 장애인을 특별한 존재로 재현함으로써, 실제로 장애인이 겪는 삶의 어려움이나 사회적 장벽에 대한 대중의 관심이 희석되는 문제가 발생할 수도 있고요. 장애인의 입장에서도 '슈퍼 장애인'의 모습이 달갑지만은 않습니다. 미디어에 등장하는 장애인의 모습을 접하다 보면, 자신이 초라하게 느껴지거나 자신의 가치에 대한 회의가 생길 수 있어요.

노인들 역시 미디어에서 부정적으로 재현하곤 합니다. 노인은 종종 고지식하고 귀찮은 존재로 그려지지요. 주변의 의견을 무시하고 자신의 주장만 강요하는 사람으로 묘사되기도 하고요. 한 광고에서는 노년의 부모가 자녀의 새로운 삶의 방식을 이해하지 못하고 비난하는 모습으로 등장하기도 했는데요. 이는 세대 간 갈등을 부추기고, 노인들을 편견으로 바라보게 할 수 있습니다.

미디어가 특정 대상을 부정적으로 묘사하면, 사람들은 그 대상과 거리감을 느끼게 되기 쉽습니다. 그로 인해 대상과 관련된 문제에 무관심해지거나, 특정 대상에 대한 차별을 정당화할 수 있지요.

다양성의 가치

미디어가 현실을 재현할 때 다양성을 추구하는 것은 상호 이해와 존중의 가치를 높이는 데 매우 중요합니다. 우리 사회는 다양한 인종, 문화, 성별, 계층 등으로 구성되어 있어요. 그러나 미디어에서는 그런 다양성이 종종 배제되거나, 고정관념에 따라 잘못된 방식으로 그려지기도 하지요. 하지만 최근 들어 다양성을 강조하는 미디어 자료가 늘어나고 있습니다.

기존의 화장품 광고가 특정한 외모적 특성을 강조했던 것과 달리, 다음의 광고에서는 다양한 인종과 각종 피부색의 사람들이 당당하게 등장하고 있네요. 이 광고는 특정한 아름다움의 기준을 강요하기보다, 모든 사람의 아름다움을 인정하고 존중하는 메시지를 전달하고 있습니다. 이를 통해 사람들은 다양성에 대한 인식을 높일 수 있을 거예요.

이처럼 다양성을 존중하는 미디어의 재현은 사회 구성원의 상호 이해와 공감대를 형성하는 데 도움이 됩니다. 미디어는 우리가 삶을 이해

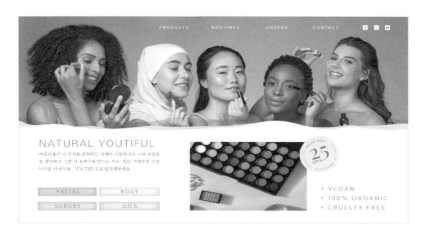

다양한 인종과 피부색의 사람들이 등장하는 화장품 광고

하는 데 중요한 역할을 하는 만큼 특정 집단에 대한 편견과 고정관념을 없애고, 다양성을 존중하도록 노력해야 해요. 미디어의 재현을 통해, 우리 사회의 차별과 불평등의 문제를 완화하는 데도 기여할 수 있을 거예요.

이것만은 알아두세요

미디어의 재현	개념	미디어가 현실을 다시 보여주는 것
	방식	현실을 있는 그대로 반영하는 것이 아니라, 미디어 생산자의 관점과 의도에 따라 현실을 선택하고 배제하여 재구성함.
	유의점	− 선택되고 배제된 내용 파악하기 − 반복하거나 강조한 내용 파악하기 − 편견이나 고정관념이 반영되었는지 점검하기 − 특정 대상을 부정적으로 묘사하고 있는지 점검하기

풀어볼까? 문제!

1. 미디어의 재현에 대한 설명 중 옳은 것은 O, 틀린 것은 X로 표시해 봅시다.

① 미디어 생산자는 현실을 있는 그대로 재구성한다. (　　)

② 미디어의 재현 방식은 사람들이 현실을 이해하는 데 영향을 준다. (　　)

2. 다음 빈칸에 들어갈 말이 무엇인지 써봅시다.

> 제품을 홍보하는 광고에서는 그 제품의 장점만 반복적으로 강조하고, 단점이
> 나 부작용에 대해서는 언급하지 않을 수 있다. 이처럼 미디어 자료는 미디어
> 생산자의 의도와 (　　)에 따라 (　　)되고 배제된 현실을 보여준다.

3. 다음은 무엇에 대한 설명인지 써봅시다.

> 이것은 미디어가 현실을 재현할 때 추구해야 하는 가치이다. 우리 사회는 다
> 양한 인종, 문화, 성별, 계층으로 구성되어 있다. 이러한 특성을 반영하여, 오
> 늘날에는 미디어를 통해 현실을 재현할 때 이것을 강조하는 미디어 자료가 늘
> 어나고 있다.

정답

1. ① X, ② O
2. 관점, 선택
3. 다양성

미디어의 공정성을 평가해요

　우리가 매일 사용하는 스마트폰이나 컴퓨터에는 수많은 정보가 있습니다. 뉴스, 유튜브 영상, 소셜미디어의 게시물에 이르기까지, 그야말로 다양한 미디어가 우리에게 세상의 이야기를 들려주지요. 하지만 그런 정보들이 항상 진실일까요? 미디어가 전하는 내용을 보면, 때로는 한쪽 이야기만 들려주기도 하고 중요한 사실을 숨기기도 합니다.

　우리가 미디어를 비판적으로 바라보아야 하는 이유가 바로 여기에 있습니다. 다양한 정보 속에서 진실을 찾는 능력을 기르면, 더 넓은 시각으로 세상을 바라볼 수 있어요. 미디어가 말하는 모든 것을 그대로 믿기보다는, 그 안에 숨겨진 의도를 찾아보고 판단해야 합니다.

　이제 미디어의 공정성을 평가하는 눈을 키워보는 건 어떨까요? 여러 관점을 고려하고 다양한 목소리를 들어보면, 우리가 성장하는 데 큰 도움이 될 거예요. 미디어 속에 숨은 진실을 파헤치는 탐정처럼, 비판적인 시선을 지니고 미디어 자료의 공정성을 평가해 봅시다.

미디어의 공정성

미디어의 공정성이란?

　미디어 자료의 공정성이란 어떤 견해나 이해관계에 치우치지 않고 균형을 이루는 것을 말합니다. 공정한 미디어 자료는 다양한 관점과 의견을 고르게 반영해야 해요. 예를 들어 찬성과 반대의 의견이 팽팽하게 대립하는 사회 문제를 다룬다면, 양측의 입장을 균형감 있게 모두 소개해야만 공정하다고 말할 수 있겠지요. 특히 뉴스처럼 사회적 영향력이 큰 미디어에서는 공정성 문제가 더욱 중요해집니다.

　미디어는 많은 사람에게 큰 영향을 미칠 수 있다는 점에서 사회적 책임을 지닙니다. 따라서 미디어는 특정 집단이나 개인의 이익에 치우치지 않고, 다양한 의견과 관점을 균형 있게 반영해야 해요. 그럼으로써, 미디어를 이용하는 사람들이 사회 문제를 더욱 잘 이해할 수 있게 됩니다. 만약 미디어가 일방적인 주장만 내세운다면, 사람들의 올바른 판단을 저해할 수 있어요.

　우리는 미디어 이용자로서 미디어가 공정하게 현실을 전달하고 있는지 점검할 수 있어야 해요. 또한 미디어 자료에서 공정성의 문제가 발견되면, 미디어 생산자가 문제를 바로잡을 수 있도록 적극적으로 의견을 제시해야 합니다. 이를 통해 미디어가 사회적 역할을 제대로 수행할 수 있습니다.

공정하지 못한 미디어 자료의 문제점

미디어는 우리에게 다양한 정보를 제공하는 중요한 역할을 해요. 하지만 미디어가 특정한 관점이나 의견에 치우쳐서 정보를 전달한다면, 여러 가지 문제를 일으키게 됩니다.

먼저, 사람들이 현실을 잘못 인식할 수 있어요. 미디어를 통해 공정하지 못한 정보가 널리 알려진다면, 사람들은 실제와 다르게 현실을 이해하기 쉽습니다. 그로 인해 잘못된 정보를 바탕으로 의사결정이 이루어질 수 있으며, 사회 전체에 그릇된 인식이 퍼질 수 있어요.

다음으로, 사회 갈등을 심화할 수 있습니다. 사회에는 다양한 목소리가 존재합니다. 미디어를 통해 다양한 목소리가 전달될 수 있어야 관점의 차이를 극복하고, 서로에 대한 이해를 바탕으로 갈등을 해결할 수 있어요. 공정하지 못한 미디어 자료는 사회의 다양성을 제한하고, 사회 갈등을 부추길 수 있습니다.

끝으로, 미디어에 대한 신뢰성이 훼손될 수 있어요. 미디어에 대한 신뢰성에 문제가 생기면 사람들은 미디어를 통해 소통되는 정보를 더 이상 믿지 않게 됩니다. 공정하지 못한 정보가 유통될수록 사람들은 미디어가 전달하는 정보를 의심하게 되고, 그로 인해 사회적 불신이 더 커질 수 있습니다.

소셜미디어와 공정성

소셜미디어는 현대 사회에서 정보를 얻고 소통하는 중요한 플랫폼으로 자리 잡고 있어요. 사람들은 소셜미디어를 통해 일상을 공유하며 소통할 뿐만 아니라, 뉴스와 정보를 공유하며 사회적 문제에 대해서도 소통합니다. 하지만 이러한 소셜미디어는 공정성의 측면에서 문제가 발생할 수 있어요.

소셜미디어에서는 종종 출처가 명확하지 않은 정보가 쉽게 공유되곤 합니다. 사용자들이 자발적으로 게시물을 생성하고 공유하는 과정에서, 공정하지 못한 정보가 쉽게 퍼질 수 있어요. 일부는 조회 수를 높이기 위해, 의도적으로 공정하지 않은 내용을 구성하기도 해요.

소셜미디어 플랫폼의 알고리즘이 공정성의 문제를 일으킬 수도 있습니다. 소셜미디어 플랫폼은 이용자의 관심사에 맞춘 콘텐츠를 추천하기 위해 복잡한 알고리즘을 사용하는데요. 이때 사용자는 자신이 선호하는 정보만 접하게 되어, 다양한 관점을 접할 기회를 놓칠 수 있습니다.

소셜미디어를 통해 접하는 정보는 단편적인 사실이거나, 주관적인 관점에서 만들어진 경우가 많아요. 따라서 소셜미디어를 통해 얻은 정보가 공정성을 갖추고 있는지 비판적으로 따져보는 습관을 들여야 합니다.

뉴스와 공정성

뉴스는 우리 주위에서 일어나는 다양한 사건과 정보를 세상에 알리는 역할을 합니다. 우리는 뉴스가 공정하고 객관적인 미디어라고 생각하기 쉬워요. 하지만 뉴스 역시 생산자의 의도와 관점이 반영된 결과물이랍니다. 아무리 타당하고 신뢰성 있는 정보라 하더라도, 특정한 의도에 따라 과도하게 반복하거나 과장 또는 축소하여 전달한다면 공정하다고 볼 수 없어요.

동일한 사건을 다룬 뉴스라 할지라도 어떤 순서와 분량으로 보도하느냐에 따라, 사람들이 사건을 받아들이는 태도가 달라질 수 있습니다. 또한 제목, 이미지, 자막 등 표현 요소를 통해서도 특정한 관점을 부각할 수 있어요.

언론사마다 사건을 보는 관점이 다를 수 있다는 점을 기억하고, 여러 뉴스를 비교하며 비판적으로 이해하는 자세를 가져야 해요. 뉴스는 어느 미디어보다 사회적 역할이 크기 때문에, 뉴스가 공정한 보도를 할 수 있도록 우리 모두의 노력이 필요합니다.

공정성을 평가하는 기준

양적 균형

양적 균형은 다양한 관점이나 의견을 얼마나 고르게 다루었는지를 평가하는 기준입니다. 뉴스가 어떤 사안에 대해 보도하면서, 한쪽의 의견만 이야기하고 다른 의견들은 말하지 않는다면 불공정한 보도라고 할 수 있겠지요. 반면 서로 다른 입장과 관점을 적절한 비중으로 골고루 반영했다면, 그 뉴스는 양적 균형을 잘 지킨 것으로 볼 수 있어요. 학교 회장을 뽑는 선거에서, 방송반 학생들이 특정 후보만 인터뷰하여 선거 홍보 영상을 제작했다면 양적 균형을 지키지 않은 것입니다.

양적 균형을 평가할 때는 특정한 의견을 배제했는지를 판단하는 것과 더불어, 여러 의견이 균형을 이루었는지를 다루는 일도 중요합니다. 다양한 의견을 제시하더라도, 특정한 의견을 과도하게 강조하면 불균형이 발생해요. 특정 의견에 대한 정보를 더 많이 전달하거나, 특정한 입장만 뒷받침하는 이미지나 동영상 등의 자료를 사용하는 것 역시 양적 균형에 어긋납니다.

양적 균형을 판단할 때, 단순히 서로 다른 의견을 같은 비중으로 다뤘는지만 보아서는 안 됩니다. 다양한 관점이 우리 사회에서 차지하는 비중과 중요도도 함께 고려해야 하지요. 대다수가 동의하는 의견과 소수의 의견 모두를 균형 있게 다루어야 공정성을 얻을 수 있어요. 그렇게 해야만 사람들이 다양한 관점을 이해하고, 더 나은 판단을 내릴 수 있게 됩니다.

질적 균형

질적 균형은 다양한 의견을 다룰 때 각 의견의 정보가 얼마나 신뢰할 만한지, 그리고 전문성이 얼마나 있는지를 고려해서 균형을 맞추는 것을 의미합니다. 단순히 여러 의견을 나열하는 것이 아니라, 그 의견이 왜 중요하며 어떤 근거가 있는지를 판단할 수 있는 정보를 균형 있게 제시하는 것이지요. 어떤 주제를 찬성할 때는 전문가의 인터뷰나 신뢰할 만한 연구 자료를 인용하여 그 의견에 대한 근거를 함께 제시해 놓고, 반대하는 의견을 밝힐 때는 출처가 불확실한 자료를 사용한다면 질적 균형이 깨지게 됩니다. 그러면 반대 입장이 충분히 설명되지 않아서 공정성에 문제가 발생해요.

질적 균형을 적용한 미디어 자료는 두 의견을 모두 소개하면서, 단순히 "찬성하는 사람과 반대하는 사람이 있다"라고만 말하지 않습니다. 대신 찬성하는 사람의 의견을 뒷받침하는 연구 결과나 전문가의 인터뷰를 소개하고, 반대하는 사람의 의견에 대해서도 그 출처와 이유를 자세히 설명해 주지요. 그렇게 하면 미디어 자료를 수용하는 사람들이 각각의 의견이 왜 중요한지, 어떤 근거가 있는지를 잘 이해할 수 있어요.

질적 균형을 지키지 않으면, 특정 관점이 부당하게 과소 평가되거나 과대 평가될 수 있습니다. 예를 들어, 어떤 기술의 이점과 부작용을 소개하면서 부작용에 대한 정보를 깊이 있게 다루지 않는다면, 사람들은 부작용을 우려하는 목소리가 과장되었다고 생각하게 될지도 몰라요.

질적 균형을 판단하기 위한 질문

- 의견을 뒷받침하는 근거는 무엇인가요?
- 의견이 등장한 배경과 중요성이 설명되었나요?
- 의견을 판단할 수 있는 충분한 정보가 제공되었나요?
- 인용된 자료의 출처가 신뢰할 만하고 전문성이 있나요?

상업성

상업성이란 기업의 경제적 이익이 미디어 자료에 영향을 미치는 정도를 말합니다. 만약 어떤 미디어 자료에 특정 기업이나 제품을 지나치게 홍보하는 내용이 많다면, 그 미디어 자료는 상업적 목적으로 제작되었다고 볼 수 있어요.

광고는 상업적 목적으로 제작되는 대표적인 미디어 유형이에요. 오늘날에는 미디어의 상업성이 점점 커지고 있지요. 유튜브와 같은 동영상 공유 플랫폼에서는 영상을 시작할 때뿐만 아니라, 중간중간에도 광고를 삽입하여 수익을 낼 수 있습니다.

미디어는 공공의 이익을 추구하는 공공성과 상업적 이익을 추구하는 상업성을 동시에 지닙니다. 문제는 뉴스처럼 상업적 목적을 드러내지 않은 미디어 자료에 상업성이 숨어 있는 경우예요. 대표적으로 광고성 기사가 있는데요. 광고성 기사는 상업적 목적으로 작성된 기사임에도 그 목적을 숨기고 있습니다. 한마디로, 기사로 위장한 광고라고 할 수 있지요.

영화를 소개하는 개인 방송을 예로 들어볼까요? 그 방송에서, 최근 동시에 개봉한 영화 가운데 어느 한 영화를 추천했다면 영화를 보려는 사람들에게 영향을 주게 될 거예요. 만약 영상 제작자가 추천한 영화의 제작사로부터 대가를 받고 홍보하기 위한 목적으로 영상을 제작했다면, 상업성으로 인해 공정성이 훼손된 사례라고 할 수 있겠지요.

상업성 문제는 미디어의 공정성과 신뢰성을 크게 떨어뜨릴 수 있습니다. 따라서 우리는 미디어 자료가 특정 제품이나 업체를 홍보하고 있지는 않은지 주의 깊게 살펴봐야 해요. 만약 상업성이 의심된다면, 미디어 자료를 제작한 의도가 무엇인지 판단하는 것이 필요합니다.

중립적 표현

미디어 자료의 공정성을 위해서는 중립적이고 객관적인 표현을 사용하는 것이 중요합니다. 중립적 표현이란, 특정한 관점에 치우치지 않고 중간의 입장에서 언어를 사용하는 것을 뜻해요. 반면 한쪽으로 치우친 표현이란 특정한 관점을 일방적으로 드러내는 것을 의미하고요. 대상에 대해 긍정적이거나 부정적인 한 측면만 강조하는 표현이지요.

예를 들어, '불법 체류 이민자'라는 표현 대신 '미등록 이주민'이라고 하는 것이 중립적인 표현입니다. 불법 체류 이민자는 이주민에 대한 부정적인 인식을 담고 있지만, 미등록 이주민은 그들의 신분을 객관적으로 묘사하고 있어요. 또한 '반인권적 정권'과 같은 표현은 특정 정권에 대한 편향된 시각을 내포하므로 중립성이 결여되어 있습니다.

미디어에서 편향된 표현을 사용하면, 사람들에게 미디어 생산자가 의도한 관점을 심어줄 수 있습니다. 예를 들어, 올림픽에서 두 대회 연속으로 은메달을 수상한 선수를 보도하는 뉴스의 제목을 살펴볼까요?

"또 금메달 실패, 금메달 놓친 아쉬움의 눈물"

"값진 노력의 눈물, 두 대회 연속 은메달 수상"

첫 번째 제목은 금메달을 수상하지 못한 것에 초점을 두고 있습니다. 선수가 흘린 눈물을 '아쉬움의 눈물'이라 표현하여, 은메달 수상을 실패의 관점에서 전달하고 있지요. 반면 두 번째 뉴스의 제목은 두 대회에서 연속으로 은메달을 수상한 일을 긍정적인 관점에서 보도하고 있네요. 선수의 눈물을 아쉬움이 아니라 '노력의 결과'로 표현하여, 은메달 수상의 가치를 돋보이게 했습니다. 이처럼 제목에 사용하는 표현에 따라, 뉴스가 전달하는 사건에 대한 관점이 달라질 수 있어요.

따라서 우리는 미디어 자료를 접할 때, 중립적인 표현이 사용되었는지 주의 깊게 살펴봐야 합니다. 특정한 관점을 드러내는 단어가 사용되었다면, 미디어 자료의 내용을 비판적으로 평가해야 해요. 미디어 자료에 사용된 표현의 중립성을 살펴보면, 미디어 생산자의 의도와 관점을 엿볼 수 있습니다.

또 어떤 경우에는 미디어 자료가 다른 사람의 말을 인용하여 특정한 관점을 드러내기도 하는데요. 그럴 때도 중립적인 위치에 있지 않은 사람의 말을 반복적으로 제시하거나 제목에 인용하여, 특정한 관점을 강조하고 있지 않은지 잘 살펴봐야 합니다.

사회 문화적 맥락 고려하기

미디어 자료의 공정성을 평가할 때, 단순히 미디어 자료에 담긴 내용만 살펴봐서는 안 됩니다. 그 자료가 생성된 사회 문화적 맥락을 함께 고려해야 해요. 우리가 속한 사회와 문화에 따라, 같은 말이나 행동에 대한 해석이 달라질 수 있기 때문이에요.

사회 문화적 배경에 따라, 같은 제스처나 표현이 전혀 다른 의미로 해석되기도 합니다. 한국에서는 엄지손가락을 치켜세우는 것이 '잘했다'는 긍정적인 뜻으로 통하지만, 일부 문화권에서는 모욕적인 의미로 받아들여질 수 있어요. 최근에는 온라인 소통 공간마다 나름의 소통 문화가 형성되어 있어서, 문화적 맥락을 잘 이해하고 참여하는 일이 더욱 중요해졌지요.

미디어 자료의 공정성을 평가할 때도, 그 자료가 제작된 사회 문화적 배경을 고려해야 합니다. 과거에는 괜찮다고 여겨졌던 표현이 현재는 불편하게 여겨질 수 있으며, 특정 소통 공간에서는 일상적인 표현이 다른 소통 공간에서는 부적절한 것으로 인식되기도 해요.

우리는 미디어 자료가 제작된 맥락을 이해하고, 그 속에서 해당 자료를 평가해야 합니다. 그러지 않으면 공정성을 제대로 판단하기 어려울 수 있어요. 사회 문화적 맥락을 고려하는 자세는 우리에게 보다 공정하고 균형 잡힌 시각을 갖게 해줄 것입니다.

아래는 인공지능 웹툰에 대한 신문 기사들입니다. 공정성 측면에서 이 둘을 비교해 볼까요?

기사문 ①

웹툰 이용자들 반발, "도둑질한 그림 반대한다"

생성형 인공지능 기술을 이용한 웹툰이 논란이 되고 있다. 최근 한 웹툰이 인공지능 기술을 이용해 작품을 창작한 사실이 알려지면서 독자들의 반발이 크게 일어나고 있다. 독자들의 날선 비판과 함께 별점 공격이 이어지고 있다. 웹툰 관계자는 해명 입장문을 내고 문제 해결에 나섰다.

독자들은 댓글을 통해 인공지능 웹툰에 반대하는 의견을 계속 작성하고 있는 상황이다. 웹툰 관계자들은 이번 일로 인해 앞으로 예술 분야에서 생성형 인공지능을 활용한 작품이 창작되는 것이 쉽지 않을 것으로 내다봤다.

- OO 신문

인공지능, 웹툰 대세가 되다

생성형 인공지능을 활용한 웹툰이 날로 증가하고 있다. 분야에 따라서는 이미 많은 작품에서 인공지능 기술이 이용되고 있다. 최근에는 인공지능을 활용한 웹툰에 대해 반대하는 독자들의 움직임도 있었다. 하지만 이러한 반응은 새로운 기술이 등장할 때마다 나타나는 현상으로 보는 전문가들이 많다.

정부도 인공지능 기술의 예술 분야 도입을 위해 많은 노력을 기울이고 있다. 이런 흐름이라면 앞으로 인공지능 웹툰이 대세가 될 날이 머지않았다.

웹툰 작가 OOO은 인공지능 웹툰은 작가들이 겪고 있는 창작의 어려움을 해소하는 데도 큰 도움이 될 것이라고 밝혔다. 얼마 전에는 미술대회에서 일등을 한 인공지능 그림이 화제가 되기도 했다.

- OO 신문

첫 번째 기사는 인공지능 웹툰에 반대하는 견해를 중심으로 내용을 구성했네요. 인공지능 웹툰에 찬성하는 의견이 배제되어 있어서, 인공지능 웹툰에 대한 부정적인 인식을 쉽게 가지게끔 합니다. 특히 인공지능 웹툰에 반대하는 독자의 반응을 제목에 직접 인용하여 부정적인 관점을 드러내고 있는데요. '도둑질한 그림', '반발', '논란' 등의 표현을 통해서도, 인공지능 웹툰에 대한 부정적인 입장을 확인할 수 있어요.

이와 달리 두 번째 기사는 인공지능 웹툰에 찬성하는 의견을 중심으로 작성했습니다. 인공지능 웹툰에 반대하는 견해보다 찬성하는 견해를 더 많은 분량으로 제시하고 있군요. 또한 반대 의견의 논리를 대수롭지 않은 것처럼 표현하고 있네요. 반면 인공지능 웹툰에 우호적인 전문가와 작가의 견해를 인용하여, 질적 균형성의 측면에서 한쪽으로 치우친 점을 확인할 수 있습니다. 더불어 '대세'라는 표현과 작가를 인터뷰한 내용, 인공지능 미술대회에서 수상한 작품의 이미지를 제시하는 등, 인공지능 웹툰에 찬성하는 입장을 뒷받침하는 정보를 중심으로 기사가 작성되었어요.

이처럼 인공지능 웹툰이라는 하나의 주제에 대해서, 관점에 따라 서로 다른 내용과 표현이 미디어 자료에 담기게 됩니다. 우리가 다양한 미디어 자료를 살펴보지 않는다면, 특정한 관점이 세상의 전부라고 생각할 수 있어요. 미디어 자료에 담긴 내용은 생산자의 관점과 의도를 반영한다는 점을 잊지 말아야 해요. 미디어 자료에 담긴 관점이

무엇인지 살펴보고, 다양한 관점의 미디어 자료를 통해 세상을 바라
보는 태도를 가져야 합니다.

이것만은 알아두세요

미디어 자료의 공정성	개념	미디어 자료가 어떤 견해나 이해관계에 치우치지 않고 균형을 이루는 것
	필요성	− 공정하지 못한 미디어 자료로 인해 사람들이 현실을 잘못 인식하고, 사회적 갈등이 발생할 수 있음. − 미디어에 대한 신뢰성이 훼손될 수 있음.
	평가 기준	− 양적 균형: 미디어 자료에 다양한 관점이나 의견이 얼마나 고르게 다루어졌는지를 평가함. − 질적 균형: 다양한 의견에 대한 정보가 얼마나 신뢰할 수 있는지, 전문성이 얼마나 있는지를 평가함. − 상업성: 특정한 제품이나 업체를 홍보하고 있지는 않은지 평가함. − 중립적 표현: 중립적이고 객관적인 표현을 사용하고 있는지 평가함.

풀어볼까? 문제!

1. 다음 괄호 안에 들어갈 말을 골라봅시다.

> 쓰레기 처리장 건립 문제를 다룬 뉴스에서 찬성하는 입장은 전문가의 의견을 통해 제시하고, 반대하는 입장은 출처가 불확실한 자료를 사용했다면 (양적 균형/질적 균형)을 지키지 않은 것이다.

2. 다음 질문을 통해 판단할 수 있는 공정성 평가 기준을 써봅시다.

> – 특정 제품이나 업체에 대해 지속적으로 말하고 있나요?
>
> – 미디어 생산자가 제공하는 정보가 특정 기업에 유리한 내용인가요?

3. 다음 설명이 의미하는 것이 무엇인지 써봅시다.

> 미디어 자료의 공정성을 평가할 때는 이것을 고려해야 한다. 과거에는 괜찮다고 여겨졌던 표현이 현재는 불편하게 여겨질 수 있으며, 어떤 소통 공간에서는 일상적인 표현이 다른 소통 공간에서는 부적절한 것으로 인식될 수 있다.

정답

1. 질적 균형

2. 상업성

3. 사회 문화적 배경

Part 3. **미디어의 생산과 공유에 대해 알아봐요**

민수

얘들아, 다음주에 발표할 프로젝트 주제를 정해야 해. 모두 잘 생각해 보고 있지?

요즘 핫한 웹툰을 주제로 해보면 좋을 것 같아!

 상우

오, 좋은 생각이야! 웹툰의 역사나 영향력에 대해 이야기하면 재밌을 것 같아.

 현우

아…, 나 잘할 수 있을까? 항상 제대로 참여하질 못해서….

현우야, 괜찮아! 이번에는 다 같이 도와줄게. 우리는 팀이니까!

 민수

맞아, 현우 너도 웹툰 좋아하잖아. 네 아이디어가 필요해!

 상우

그리고 각자 담당할 부분을 잘 나누면 부담도 덜할 거야. 서로 피드백도 주고!

현우

음…, 그럼 내가 웹툰의 역사 부분을 맡아볼까? 자료 찾는 건 자신있거든!

좋았어! 그럼 현우가 자료를 찾고, 우리는 그걸 바탕으로 카드뉴스를 만드는 거야.

 민수

그리고 우리가 만든 카드뉴스를 SNS에 공유하면 다른 친구들도 볼 수 있잖아. 많이 피드백해 줄 거야!

 상우

맞아! 수업 시간에 배웠던 미디어 자료의 생산과 공유 방법을 정리한 자료를 보내줄게.

 현우

아, 이렇게 하니까 좀 더 동기부여가 되네. 나도 잘해보고 싶어!

그럼 우리 함께 열심히 해보자! 팀워크가 중요하니까!

 민수

그래! 이번 기회에 다 같이 좋은 결과를 내보자!

미디어 제작은 협력적 문제 해결 과정이에요

우리가 살고 있는 세상은 미디어로 가득 차 있습니다. 유튜브 영상, 영화, 웹툰 등 다양한 미디어 자료가 우리 주변에서 끊임없이 공유되고 있지요. 이러한 미디어들은 단순히 정보를 전달하는 것을 넘어, 사람들의 생각과 감정을 표현하는 중요한 수단이 되었습니다.

그러한 미디어 자료는 어떻게 만들어질까요? 오늘날 대부분의 미디어 자료는 여러 사람이 힘을 합쳐서 제작됩니다. 미디어 자료 제작은 여러 사람의 의견과 아이디어가 모여 이루어지는 협력의 과정이에요.

디지털 기술의 발전으로 미디어 자료의 제작과 공유가 일상화되었지요. 그러면서 목적에 적합한 미디어 자료를 제작하는 능력이 더욱 중요해졌습니다. 스마트폰을 이용하면 누구나 쉽게 미디어 자료를 만들고, 소셜미디어를 통해 전 세계 사람들과 공유할 수 있게 되었어요.

미디어 자료를 제작하는 과정은 자신의 생각과 의견을 창의적이고 효과적으로 표현하는 데 큰 도움이 됩니다. 예를 들어, 웹툰을 제작하면서 캐릭터와 이야기를 구상하고 그림을 그리는 과정을 통해 창의력을 발휘할 수 있어요. 또한 여러 사람과 협력하여 작업하면서 의사소통 능력도 키울 수 있고요. 서로 다른 의견을 조율하고 최종 결과물을 만들어 나가는 과정에서, 협력의 중요성을 배우게 됩니다.

미디어 제작의 가치

미디어 자료를 제작하는 일은 단순한 제작 활동을 넘어, 우리 사회와 소통하고 생각을 표현하는 중요한 과정입니다. 또한 미디어 자료를 제작하는 과정에서 미디어의 특성을 보다 깊이 있게 이해하고, 비판적으로 미디어 자료를 수용하는 태도를 기를 수 있어요. 미디어 자료 제작을 통해 얻을 수 있는 가치는 다음과 같습니다.

창의력과 표현력

미디어 자료를 제작하는 과정에서 우리는 창의력을 키울 수 있습니다. 영화나 광고를 제작한다면, 어떤 주제를 선정하고 무슨 내용을 어떻게 표현할 것인지 고민하게 되겠지요. 이 과정에서 상상력과 창의력이 발휘될 수 있습니다. 또한 미디어를 제작하기 위해 다양한 자료를 참고하는 과정에서 창의적인 미디어 자료를 만날 수 있어요.

미디어 자료의 완성은 공유를 통한 소통입니다. 여러분이 제작한 미디어 자료를 공유하고, 다른 사람의 반응을 확인하는 경험을 통해 표현 능력을 기를 수 있어요. 자신이 의도한 대로 사람들이 미디어 자료를 받아들이는지 확인하면서, 문자나 이미지, 동영상 등 다양한 요소의 표현 효과를 파악할 수 있습니다.

비판적 사고력

미디어 자료를 제작할 때는 다양한 자료를 조사하고, 필요한 내용을 선별하여 활용합니다. 조사한 정보 가운데, 미디어 자료의 주제와 제작 목적에 맞는 자료를 선정하는 과정에서 비판적 사고력을 기를 수 있어요.

또한 미디어 자료를 제작하는 과정을 통해, 생산자의 입장을 경험하게 됩니다. 이를 통해 미디어 자료를 수용할 때, 생산자가 어떤 의도로 미디어 자료를 제작했는지 비판적으로 분석하는 능력을 기를 수 있지요.

사회적 책임감

미디어 자료를 제작하고 공유하는 과정은 사회적 소통에 참여하는 과정이기도 합니다. 우리는 사회 문제를 주제로 선정하여, 미디어 자료를 제작하고 사람들과 소통할 수 있습니다. 환경이나 인권, 청소년이 겪고 있는 문제 등 우리 사회의 관심이 필요한 문제를 자신만의 목소리로 표현할 수 있어요.

여러분이 제작한 미디어 자료는 다른 사람들에게 긍정적인 영향을 주거나, 반대로 정보의 혼란을 일으킬 수도 있습니다. 그처럼 사회적 영향력을 경험하면서 미디어 자료를 제작하거나 수용할 때, 보다 책임감 있는 자세로 참여할 수 있게 됩니다.

협력적 문제 해결

미디어 자료는 친구들과 함께 협력하여 제작할 때가 많습니다. 제작에 필요한 역할을 나누고, 각자가 맡은 역할을 수행하면서 미디어 자료를 완성하게 되지요. 미디어 제작은 주제를 선정하고, 내용을 조사하고, 제작 도구를 활용하는 등 여러 과정에서 발생하는 문제를 해결하는 과정이에요.

동료와 협력하면서 다양한 아이디어를 얻을 수 있고, 창의적인 결과물을 완성할 수 있습니다. 또한 혼자서 제작하려면 많은 시간과 노력이 필요하지만, 동료와 협력하면 효율적으로 문제를 해결할 수 있어요. 영상처럼 다양한 역할이 필요한 미디어 유형은 협력적 문제 해결 과정이 중요합니다. 촬영을 할 때는 배우, 감독, 카메라, 녹음 등 여러 부문에서 동시에 역할을 수행하기 때문에 협력적 태도를 지녀야 해요.

미디어 제작에서 협력은 단순히 함께 일하는 것을 넘어, 더 나은 결과물을 만들기 위한 필수적인 요소입니다. 다양한 아이디어를 모으고 효율적으로 업무를 분담함으로써, 제작 과정에서 발생하는 문제를 원활하게 해결할 수 있어요. 이러한 협력의 과정은 미디어를 제작할 때뿐만 아니라, 앞으로 경험할 수 있는 다양한 문제 상황에서도 큰 도움이 될 거예요.

효과적인 협력 방법

효과적인 협력이 이루어지려면 어떻게 해야 할까요? 먼저, 명확한 역할 분담이 필요합니다. 그러기 위해서는 미디어의 특성, 제작 기간, 제작 여건 등을 고려해서 필요한 역할을 결정해야 해요. 역할을 분명히 정하면 각자의 책임을 다할 수 있고, 서로 중복되는 일을 줄일 수 있습니다.

다음으로, 원활한 소통 방식이 필요합니다. 동료와 원활하게 소통하지 않으면, 역할 분담이나 역할 수행 과정에서 서로 간에 갈등이 발생하기 쉽습니다. 효과적으로 소통하기 위해, 미리 의논하여 소통 방식과 소통 도구를 결정해 놓는 것이 좋아요. 학교에 모여서 이야기를 나눌 수도 있고, 단체 대화방이나 화상 회의를 통해 의견을 주고받을 수도 있겠지요. 정기적인 회의를 통해 진행 상황을 공유하고 문제점을 논의하면서, 조기에 문제를 해결할 수 있도록 해요.

끝으로, 책임감과 협력적인 태도가 필요합니다. 한 사람이라도 자신의 역할을 제대로 수행하지 않으면, 미디어 제작이 불가능해지거나 그 과정이 매우 길어질 수밖에 없어요. 따라서 자신이 맡은 역할에 책임감을 지니고 참여하는 것이 중요합니다. 자신이 맡은 역할이 무엇인지 이해하고 사전 준비를 함으로써, 역할을 수행하기 위해 필요한 역량을 갖추어야 해요.

하지만 책임감 있는 태도로 제작 과정에 참여해도 문제 상황은 쉽게 발생합니다. 그럴 때는 누군가를 탓하기보다, 서로를 존중하며 협력을 통해 문제를 해결하는 것이 중요합니다. 누구나 실수할 수 있다는 점을 기억하고, 격려와 도움을 바탕으로 서로 협력해야 해요.

미디어 제작 단계를 이해해요

　미디어를 제작하는 과정은 마치 요리와 같습니다. 요리사가 맛있는 요리를 만들기 위해 다양한 재료를 준비하고 조리 단계를 따르는 것처럼, 미디어 제작자도 제작 계획을 세우고 실제 제작을 통해 완성된 결과물을 만들어 가지요. 요리를 할 때 단계가 어긋나면 음식을 망칠 수 있는 것처럼, 미디어 자료를 제작할 때도 단계별 과정을 잘 이해하고 역할을 수행하는 것이 중요합니다.

　미디어 제작 과정은 그 유형에 따라 조금씩 다르지만, 큰 흐름으로 보자면 다음과 같아요. 일반적으로 미디어 제작 과정은 기획하기, 제작하기, 공유하기의 단계로 나뉩니다. 기획 단계는 소통 맥락을 분석하고, 이를 바탕으로 제작을 위한 기획안을 작성하는 단계예요. 제작 단계에서는 수집한 자료를 활용하여 내용을 구성하고, 제작 도구를 통해 미디어 자료를 제작합니다. 공유 단계에서는 완성된 미디어 자료를 점검하고 공유하여 미디어 소통에 참여하게 되지요.

각 단계에서 어떤 수행 활동이 이루어지는지 확인하고, 미디어 제작 과정을 이해해 볼까요?

기획하기

1) 소통 맥락 분석

미디어 자료를 어떻게 제작할지 계획을 세우는 것을 기획이라고 합니다. 기획 단계에서는 소통 맥락을 분석하고, 이를 바탕으로 기획안을 작성해요. 소통 맥락이란 미디어 자료의 생산과 수용 과정에서 영향을 주는 요소를 의미하는데요. 소통 맥락에는 주제, 목적, 예상 수용자, 미디어의 특성 등이 있어요.

미디어 자료를 제작하기에 앞서 가장 중요한 단계는 바로 소통 맥락을 분석하는 것입니다. 소통 맥락을 제대로 파악하지 않으면, 목적과 대상에 맞지 않는 부적절한 자료를 만들 수 있어요. 초등학생을 대상으로 미디어 자료를 제작하면서, 지나치게 전문적인 내용의 주제를 선정한다면 어떻게 될까요? 내용을 이해하기 어려워 소통이 잘 이루어지지 않을 거예요. 반대로 성인을 대상으로 유치한 내용의 주제를 제작한다면 지루하고 무의미해질 수 있겠지요. 따라서 어떤 대상과 목적으로 미디어 자료를 제작하는지 명확히 파악해야 합니다.

소통 맥락을 분석하기 위해서는 먼저 주제를 정해야 합니다. 주제는 미디어를 제작하는 상황에 따라 직접 선정하거나, 주어진 주제에서 고를 수 있어요. 주제를 선정할 때는 자신이 주제에 대해 충분히 이해하고 있는지를 고려해야 합니다. 자신이 잘 알고 있는 주제가 아니라면, 주제를 이해하기 위해 다양한 자료를 찾아보는 시간이 필요해요. 제작 기간을 확인하고, 주어진 일정 안에 제작을 완료할 수 있는 주제를 선정하는 것이 중요합니다.

반드시 주제를 선정한 뒤에 목적, 예상 수용자, 미디어의 특성을 결정하는 것은 아닙니다. 예상 수용자나 미디어의 특성에 따라 주제가 결정될 수도 있어요. 상황에 따라, 소통 맥락을 함께 고려하며 주제를 결정하도록 합니다.

다음으로, 목적을 정해야 해요. 정보 전달, 설득, 정서 표현, 사회적 상호작용 등 목적에 따라, 미디어 자료의 내용과 형식이 달라집니다. 과학 원리를 설명하는 영상이라면, 정보 전달에 초점을 맞추어 이해하기 쉽게 구성해야 합니다. 반면 제품 홍보 영상은 제품의 장점을 부각하고 구매를 유도하는 설득력 있는 내용이 필요하지요.

다음으로, 예상 수용자의 특성을 파악해야 합니다. 연령대, 배경지식, 관심사 등 예상 수용자의 특성에 맞게 자료를 구성해야 효과적으로 소통할 수 있어요. 가령 어린이를 대상으로 하는 자료라면 어려운 용어를 쉽고 친근한 표현으로 바꾸고, 흥미를 유도할 만한 이미지나 동영상을 적극적으로 활용하여 효과적으로 내용을 전달할 수 있습니다.

식품 포장지의 표시 정보를 전달하는 카드뉴스
(출처: 식품의약품안전처)

환경보호를 주제로 설득하는 공익광고
(출처: 한국방송광고진흥공사)

그리고 미디어의 유형별 특성에 대한 이해를 바탕으로, 소통 목적에 적절한 미디어를 선정하여 자료를 제작해야 해요. 미디어의 특성이란 미디어 유형별 표현 방식, 정보량, 공유 방식 등을 의미하는데요. 카드뉴스, 인포그래픽, 개인 방송, 영상 뉴스 등 다양한 유형의 미디어가 존재하지요.

소셜미디어에서 인기를 끌고 있는 숏폼 영상은 짧은 길이와 세로 형태의 화면, 흥미를 유도하는 배경음악과 효과음 사용 등이 특징입니다. 반면 영상 뉴스는 상대적으로 단순한 자막과 내레이션 등을 사용하고, 배경음악이나 효과음을 자주 사용하지 않는 특징이 있어요.

지금까지 살펴본 소통 맥락의 요소들을 종합적으로 고려하여, 미디어 자료의 제작 계획을 세워야 합니다. 소통 맥락을 잘 분석할수록, 미디어 자료의 완성도가 높아지고 소통 목적을 달성할 수 있습니다.

소통 맥락을 분석할 때는 유사한 미디어 자료를 조사하는 방법이 효과적이에요. 기존에 생산된 미디어 자료의 소통 맥락이 무엇인지 살펴보고, 소통 목적을 달성하기 위해 어떤 내용과 표현 방식을 활용했는지 파악해 볼 수 있습니다. 이를 통해 자신이 제작하려는 미디어 자료의 특성과 소통 맥락에 대한 이해를 넓힐 수 있지요. 기존의 미디어 자료를 참고하여 다양한 아이디어를 얻고, 자신만의 창의적인 미디어 자료를 기획해 보는 것이 중요합니다.

2) 기획안 작성

소통 맥락을 분석했다면, 이를 바탕으로 기획안을 작성해야 합니다. 기획안은 미디어 자료를 어떻게 제작할 것인지에 대한 구체적인 계획을 담은 문서예요. 기획안을 구체적으로 작성하면, 제작 의도와 목적에 적절한 미디어 자료를 제작하는 데 많은 도움이 되지요. 또한 여러 사람이 함께 제작하는 경우라면, 기획안에 담긴 내용을 기준으로 의견을 나누며 제작을 수행할 수 있습니다.

기획안에는 미디어 자료의 제목, 기획 의도, 중심 내용, 제작 형식과 방법, 제작 일정 및 역할 분담 등의 내용이 포함됩니다.

제목은 미디어 자료의 성격을 잘 드러낼 수 있는 단어나 문장으로 작성하면 좋아요. 미디어 자료를 완성한 뒤에 제목을 정할 수도 있지만, 계획 단계에서 임시 제목이라도 정하는 편이 좋습니다. 왜냐하면 제목을 통해 미디어 자료의 성격과 제작 의도를 분명하게 인식할 수 있기 때문이에요.

기획 의도는 미디어 자료를 제작하는 목적에 해당하는 내용입니다. 소통 맥락을 고려해서 미디어 자료를 제작하는 이유를 작성합니다.

중심 내용은 미디어 자료의 기본이 되는 핵심 내용이에요. 자세한 내용보다는, 미디어 자료에 반드시 들어가야 할 핵심 내용을 간략하게 작성하는 것이 좋습니다.

제작 형식과 방법은 미디어 자료에 문자, 이미지, 동영상 등을 어떻게 배치하고, 어떤 도구를 사용하여 제작할 것인지에 대한 내용이에요.

제작 일정 및 역할 분담에서는 전체 일정을 단계별로 나눠서 제시하고, 각 단계에 따라 수행하는 작업과 역할을 작성합니다.

기획안을 작성하며 주의할 점은 지나치게 이상적인 계획을 세우지 않는 것입니다. 제작 일정, 활용할 수 있는 장비, 제작 경험 등을 고려하여 실현할 수 있는 범위에서 계획을 세워야 해요. 또한 제작 과정에서 언제든지 돌발상황과 문제가 발생할 수 있다는 점을 알고, 제작 계획을 수정하거나 보완할 수 있어야 하지요.

기획안은 미디어 자료 제작의 방향을 제시하므로 신중하게 작성해야 합니다. 동료와 충분한 논의를 거쳐 합의된 내용을 담아내는 것이 중요해요. 기획안을 바탕으로 체계적인 제작 과정을 거치면 완성도 높은 미디어 자료를 만들 수 있을 거예요.

기획안 작성을 위한 질문

- 미디어 자료를 왜 제작하나요?
- 누구를 위해 미디어 자료를 제작하나요?
- 어떤 내용과 형식으로 만들 계획인가요?
- 이 미디어 자료를 본 사람들은 이것을 어떻게 기억할까요?
- 완성한 미디어 자료는 언제, 어디에, 어떻게 이용할 수 있나요?

제목	코딩 왕 김도윤
기획 의도	– 나를 잘 모르는 친구들에게 내 소개하기 – 나의 진로 희망과 진로 역량을 소개하기
중심 내용	– 성격 – 좋아하는 것 – 희망 진로 – 진로 역량
제작 형식과 방법	– 웹 포스터로 제작 – 희망 직업을 상징하는 이미지를 가운데 배치하고, 양쪽에 나를 소개하는 내용을 제시 – 소개하는 내용과 관련된 그림을 함께 제시 – 인포그래픽 제작 사이트를 통해 제작

제작 일정 및 역할 분담	일정	제작 과정	담당자
	5월 7일	내용 선정	
	5월 9일	내용 구성	
	5월 10일	웹 포스터 제작	
	5월 12일	학교 누리집에 공유	

기획안 예시

제작하기

1) 자료 수집하기

기획안을 바탕으로 미디어 자료를 제작하기 위해서는 먼저 다양한 자료를 수집해야 해요. 자료 수집 단계는 미디어 자료의 질과 완성도를 좌우하는 중요한 과정입니다. 주제와 관련된 정보를 다양하게 수집할수록, 미디어 자료의 내용이 더욱 깊이 있고 설득력 있게 구성될 수 있어요.

자료를 수집하기 위해 포털 사이트, 소셜미디어, 동영상 공유 플랫폼, 책이나 잡지 등 다양한 미디어를 활용할 수 있습니다. 주제와 목적을 고려하여 필요한 정보를 수집하는 것이 중요해요.

자료를 수집하는 과정을 통해, 기획 단계에서 미처 생각하지 못했던 내용을 발견하기도 하는데요. 그럴 때는 기획안의 내용을 수정 보완할 수 있어요. 자료에는 그림, 사진, 동영상 등 다양한 보조 자료도 포함됩니다. 다양한 유형의 활용 가능한 자료를 수집하고, 필요에 따라 선택하여 사용하는 것이 좋아요.

자료를 수집할 때는 출처를 꼭 확인해야 합니다. 출처를 확인할 수 없거나 개인적인 목적으로 제작된 자료는 신뢰성을 꼼꼼하게 따져봐야 해요. 상대적으로, 공공기관에서 생산한 자료나 언론사의 뉴스 등은 출처가 분명하고 신뢰성이 높은 자료예요.

자료의 출처를 확인할 때는 자료가 생산된 시기도 함께 살펴봐야 합니다. 인터넷 공간에서는 최신 정보뿐만 아니라 오래된 정보도 쉽게 접할 수 있거든요. 같은 주제의 정보라면, 최신 자료를 수집하여 활용하는 것이 좋습니다.

자료를 수집할 때는 저작권을 반드시 지켜야 해요. 타인의 저작물을 무단으로 사용하면 저작권을 침해하는 일이 됩니다. 출처를 명확히 밝히고 사용하는 것이 중요합니다.

저작권 침해의 걱정 없이, 무료로 이용할 수 있는 공공저작물도 존재합니다. 공공저작물 사이트를 통해, 이미지, 영상, 글꼴 등 다양한 유형의 자료를 무료로 이용할 수 있지요. 공공저작물은 유형에 따라 이용할 수 있는 범위가 다르므로, 유형을 확인하고 이용 조건을 지키며 활용해야 해요.

제1유형	제2유형	제3유형	제4유형
OPEN	OPEN	OPEN	OPEN
출처 표시	출처 표시	출처 표시	출처 표시
상업적 이용 가능	상업적 이용 금지	상업적 이용 가능	상업적 이용 금지
개작 등 변경 가능	개작 등 변경 가능	개작 등 변경 금지	개작 등 변경 금지

공공저작물의 여러 유형

수집한 자료는 필요에 따라 선별하는 과정을 거쳐야 합니다. 수집한 자료에서 제작 의도에 적합한 자료를 고르고, 부족한 자료는 추가로 조사해야 하지요. 자료를 선별할 때는 예상 수용자의 배경지식이나 관심사 등을 고려하여 적절성을 판단하는 것이 좋습니다. 또한 미디어 자료의 재현 방식과 공정성 측면에서 문제가 없는지 살펴봐야 하고요. 다양한 출처를 통해 자료를 수집하여 비교해 보면, 자료의 적절성을 판단하는 데 도움을 얻을 수 있어요.

2) 내용 구성하기

자료를 수집한 후에는 내용을 체계적으로 구성해야 합니다. 제작하려는 미디어의 유형에 적절하게 내용을 구성하는 것이 중요해요. 미디어의 유형에 따라, 내용을 구성하는 방식이 다른데요. 카드뉴스는 장면별로 내용을 구성하고, 영화는 이야기의 흐름 속에서 내용을 구성합니다. 미디어의 특성을 고려하여 내용을 어떻게 배치할 것인지를 정하면 전체적인 흐름을 만들 수 있어요.

내용을 구성할 때는 논리적인 흐름도 중요한 고려 사항입니다. 관련된 내용끼리 모아 장면을 구성하고, 주제별로 장면을 나누어 구조화하면 체계적으로 내용을 전달할 수 있어요. 사회 문제를 다룬 영상이라면 문제점, 문제의 원인, 해결 방안 등으로 장면을 나누는 것이 효과적이겠지요.

장면 사이의 연결성도 고려해야 하는 사항이에요. 장면과 장면 사이에 적절한 관련성과 연계성이 있어야 내용 이해도가 높아집니다. 장면 사이에 통일성을 높일 수 있는 소제목이나 요약 등을 활용하면, 자연스러운 흐름을 만들 수 있어요. 또한 자막이나 배경 그림, 효과음 등을 통일성 있게 활용하면 전체적으로 안정감을 줄 수 있으며, 수용자가 내용을 기억하는 데 도움을 줍니다.

마지막으로, 제작 대상의 특성을 고려해야 합니다. 예를 들어 어린이를 대상으로 한다면, 간단하고 흥미를 높일 수 있는 내용으로 구성하는 것이 효과적이겠지요. 주제와 목적에 따라서, 어린이를 대상으로 한 경우에도 내용의 구성 방식이 달라질 수 있어요. 그러므로 주제와 목적을 함께 고려해야 합니다.

내용을 구성할 때는 유형에 따라 적절한 내용 구성 양식을 활용하는 것이 좋아요. 광고, 영화, 카드뉴스 등 미디어 유형별로 내용 구성

장면	핵심 내용	시각 자료
1		
2		
3		
4		
5		
6		
장면 1 내용 배치도		장면 2 내용 배치도
장면 3 내용 배치도		장면 4 내용 배치도

카드뉴스 내용 구성 양식

을 위한 고유 양식이 사용되거든요. 유형별 양식을 활용하면, 미디어의 특성을 효과적으로 반영하여 내용을 구성할 수 있습니다.

S#		공간 배경		
		시간 배경		
숏	화면 구성	인물의 행동	대사, 배경음악	의상, 소품
	카메라의 거리와 각도:			
	카메라의 거리와 각도:			
	카메라의 거리와 각도:			

동영상 내용 구성 양식

3) 미디어 자료 제작하기

내용의 구성을 완료했다면 제작 도구를 선정해야 해요. 미디어의 유형에 따라 다양한 제작 도구를 활용할 수 있어요. 제작 도구를 선정할 때는, 미디어 제작 경험과 활용할 수 있는 디지털 기기를 고려해야 합니다.

제작 도구를 사용하는 일이 익숙하지 않다면, 제작 도구를 운영하는 공식 홈페이지를 방문하여 설명서나 안내 자료를 참고할 수 있어요. 유튜브를 비롯한 동영상 공유 플랫폼에서, 제작 도구의 사용 방법을 안내하는 영상을 찾아서 볼 수 있는데요. 그러한 영상을 통해 제작 도구를 사용하는 방법을 익혀야 해요.

미디어 자료를 제작할 때, 복합 양식 자료를 활용하면 내용 전달력과 흥미도를 높일 수 있어요. 앞에서 살펴보았듯이, 복합 양식 자료란 문자, 이미지, 동영상, 음성 등 다양한 양식이 결합한 자료를 말해요. 카드뉴스, 영상 광고, 웹 포스터 등 미디어의 유형에 따라 의미를 전달하기 위해 활용할 수 있는 표현 양식이 다릅니다. 카드뉴스라면 문자와 이미지를 활용할 수 있고, 영상 광고라면 문자, 이미지, 동영상, 음성 등 다양한 표현 양식을 활용할 수 있어요.

하지만 여러 양식을 다양하게 사용한다고 해서, 의미를 잘 전달할 수 있는 것은 아니에요. 주제, 목적, 예상 수용자 등 여러 요소를 고려하여, 소통 목적에 적절한 미디어 자료를 제작하는 것이 중요합니다.

여러분이 제작하려는 미디어 자료와 주제나 유형이 유사한 미디어 자료를 살펴보면, 다양한 표현 양식을 어떻게 사용하는지 알 수 있습니다. 예를 들어 과학 실험을 설명하는 영상이라면, 영상과 함께 문자로 된 설명을 제시하여 이해도를 높일 수 있어요. 영상으로 실험 과정을 생동감 있게 보여주고, 문자로 된 자막을 통해 핵심 내용을 명확히 전달할 수 있지요. 또한 홍보 영상이라면, 이미지와 내레이션을 활용하여 시각적 매력과 생동감을 동시에 전할 수 있습니다.

이때 중요한 것은 각각의 양식끼리 조화와 균형을 이루는 것입니다. 한 가지 양식을 지나치게 강조하거나 부조화를 이룬다면, 자료의 전체적인 완성도가 떨어질 수 있어요.

문자, 이미지, 그래프 등을 활용한 웹 포스터

공유하기

1) 미디어 자료 점검하기

　미디어 자료를 공유할 때는, 자신이 만든 미디어 자료가 다른 사람에게 미칠 수 있는 영향력을 고려해야 합니다. 디지털 공간의 특성상 한 번 공유된 자료는 여러 사람을 통해 빠르게 확산할 수 있어요. 따라서 미디어 자료를 공유하기 전에, 발생할 법한 문제는 없는지 점검하는 과정이 필요합니다.

　미디어 자료가 주제와 제작 의도를 잘 드러내고 있는지, 허위 정보나 조작된 내용은 없는지 살펴봐야 해요. 개인정보를 침해하거나, 타인의 얼굴이 등장하는 자료를 당사자의 동의도 받지 않은 채 사용하진 않았는지 등도 확인해야 하고요. 또한 재현의 측면에서, 편견이나 고정관념이 담기지 않았는지 살펴보는 것도 중요합니다.

2) 공유 방식 정하기

　미디어 자료를 공유하는 방식은 다양합니다. 학교 누리집, 소셜미디어, 동영상 공유 플랫폼, 오프라인 공유 등 다양한 방식으로 공유할 수 있어요. 공유 방식에 따라 이용자의 범위와 이용 방식이 달라집니다. 따라서 소통 목적에 적합한 공유 방식을 선택하는 것이 필요해요.

　예를 들어 학교 누리집은 공적인 성격이 큰 공간이며, 학교 구성원이 아니면 접근하기 어렵겠지요. 반면 소셜미디어나 동영상 공유 플랫폼은 상대적으로 사적인 성격이 큰 공간이며, 불특정 다수가 접근할 수 있습니다.

공유 방식을 정하는 일에는 플랫폼 외에 소통 방식을 정하는 것도 포함됩니다. 미디어 자료를 본 사람들이 어떤 방식으로 의견을 표시할 수 있도록 할 것인지 정해야 하지요. 댓글이나 '좋아요' 같은 반응 표시 기능을 사용할 것인지, 다른 곳으로의 공유를 허용할 것인지 등을 결정해야 합니다. 때에 따라서는 전체 공개가 아니라 일부 공개의 방식으로 자료를 공유할 수도 있어요.

3) 공유하고 소통하기

미디어 자료를 공유한 뒤에는 사람들과 소통하는 과정이 중요해요. 온라인 공간에 공유한 미디어 자료는 언제 어떤 사람이 보게 될지 모릅니다. 여러분이 만든 미디어 자료를 보고 어떤 사람은 공감과 즐거움을 느낄 수도 있고, 어떤 이는 불쾌함과 상처를 얻게 될 수도 있어요. 따라서 미디어 자료에 대한 사람들의 반응을 확인하고, 반응에 따라 적절하게 대응할 수 있어야 합니다. 긍정적인 반응을 확인했다면, 감사와 공감을 바탕으로 적극적인 소통을 이어갈 수 있겠지요.

반대로 부정적인 반응을 확인했다면, 사람들이 그렇게 반응한 이유를 파악하고 관련된 조치를 해야 합니다. 미디어 자료에 담긴 내용에 오류가 있거나, 허락받지 않은 저작물을 이용했을 수도 있어요. 또는 자신의 의도와 다르게, 특정 집단을 불쾌하게 만드는 표현을 사용했을지도 몰라요. 그러한 문제를 확인했다면, 댓글을 통해 해명하는 과정이 필요합니다. 자료를 더 이상 공유하기 어려워졌다면, 공개 범위를 조정하는 등 미디어 자료의 공유 방식을 관리해야겠지요.

때로는 공유한 미디어 자료와 무관하거나 근거 없는 비방 혹은 문제 제기 등을 경험할 수도 있어요. 그럴 때는 플랫폼의 신고 기능을 활용하거나, 해당 플랫폼의 관리자 또는 주변의 어른에게 요청하여 문제를 해결할 수 있습니다.

다양한 미디어 유형을 이해해요

앞에서 미디어 자료를 제작하는 과정을 단계별로 살펴봤어요. 미디어 자료를 제작하는 공통적인 과정을 배웠다면, 이제는 미디어의 유형별로 세부적인 특성을 알아볼 차례입니다. 미디어의 유형별 특성을 이해하고 이를 바탕으로 자료를 제작한다면, 소통 목적에 적절한 미디어 자료를 완성할 수 있을 거예요.

영화와 드라마는 이야기를 영상으로 표현했다는 점에서 유사한 것처럼 보이지요. 하지만 우리가 영화와 드라마로 구분하는 것은 그 둘에 분명한 차이가 있기 때문입니다. 영화는 상영 시간이 2시간 내외지만, 드라마는 40분가량의 이야기 여러 편이 모여 전체 이야기를 구성해요. 또한 영화는 드라마보다 많은 제작비와 제작 기간이 필요합니다. 상영 공간에도 차이가 있지요. 영화는 드라마와 달리 극장이라는 공간에서 상영됩니다. 이러한 특징으로 인해, 영화와 드라마는 등장인물, 사건, 배경 등에서 차이가 발생해요.

최근에는 웹 드라마가 등장하여 인기를 끌고 있는데요. 드라마와 비교해 보았을 때, 웹 드라마는 적은 예산 및 스마트폰을 중심으로 한 시청 방식 등의 특징을 지닙니다.

미디어 환경이 변화하면서, 미디어의 유형도 과거보다 더 다양해지고 있어요. 또한 같은 미디어 유형이라 할지라도, 사람들의 이용 방식이 달라지면서 미디어의 특성도 변화하고 있지요. 따라서 오늘날 미디어의 유형별로 어떤 특성이 있는지 살펴보고, 미디어 자료를 제작하는 자세를 지니는 것이 중요합니다.

카드뉴스

카드뉴스는 간단하고 짧은 형식의 뉴스로, 보통 열 개 이내의 카드 형태로 구성됩니다. 각 카드는 하나의 주제나 정보를 담고 있으며, 여러 장의 카드가 하나의 이야기처럼 이어지는 형식이에요. 그러한 형식 덕분에, 짧은 시간에 중요한 내용을 쉽게 이해할 수 있다는 장점이 있지요. 특히 스마트폰을 주로 이용하는 사람들에게 뉴스나 정보를 쉽고 간편하게 전달한다는 특징이 있습니다.

카드뉴스는 다양한 주제를 다룹니다. 사회, 경제, 환경, 문화 등 여러 분야의 최신 뉴스와 정보를 간결하게 전달하지요. 최근에는 정부 기관에서 국민을 대상으로 정책을 홍보하기 위해 카드뉴스를 제작하는 경우가 많아요. 장면별로 간략하게 정보를 제시하기 때문에, 깊이

청소년에게 고카페인 음료의 위험성을 알리는 카드뉴스(출처: 식품의약품안전처)

있는 내용을 다루기에는 어려움이 있습니다.

카드뉴스의 표현 방식은 시각적인 요소를 활용하는 것입니다. 각 카드에는 짧은 문구와 함께 그림이나 사진 등이 사용되는데요. 그러한 시각적 요소는 내용을 더 쉽게 이해하고 기억하게끔 도와줍니다. 특히 카드마다 두세 마디의 문장으로 요약된 내용을 제시하는 방식을 통해, 사람들의 집중력을 높이고 정보를 효과적으로 전달할 수 있어요.

카드뉴스는 짧고 간결한 형식 덕분에 사람들이 공유하기 쉽습니다. 카드뉴스의 링크나 이미지를 통해 간단하게 미디어 자료를 공유할 수 있으므로, 소셜미디어에서 쉽게 접할 수 있지요.

카드뉴스는 인용 및 참고 자료의 출처를 각 카드의 하단에 표기하기도 하고, 가장 마지막 카드에 모두 모아서 제시하기도 합니다.

웹 포스터

웹 포스터는 다양한 정보를 한 장의 이미지 안에 모두 제시하여 의미를 전달하는 미디어 유형이에요. 주로 캠페인, 홍보, 광고 등의 목적으로 사용됩니다. 전통적인 포스터와 달리, 웹 포스터는 인터넷 환경에서 효과적으로 의미를 전달하도록 최적화되어 있어요.

웹 포스터는 카드뉴스와 마찬가지로, 문자나 그림, 사진, 그래프 등을 활용하여 내용을 표현합니다. 두 미디어 유형은 여러 장의 이미지

어린이에게 물놀이 안전사고 예방 수칙을 홍보하는 웹 포스터(출처: 행정안전부)

로 나눠서 정보를 제시하느냐, 한 장의 이미지에 모아서 정보를 전달하느냐의 차이가 있어요. 시각적 요소를 통해 사람들의 시선을 사로잡을 수 있다는 점이 웹 포스터의 매력이에요.

웹 포스터는 정보를 간결하게 전달하는 데 중점을 둡니다. 문자의 크기와 색깔도 중요한 표현 방식이지요. 정보가 한눈에 들어오도록 구성하되, 핵심 정보를 빠르게 파악할 수 있도록 강조하는 표현을 사용하는 것이 좋습니다. 웹 포스터는 여타의 미디어 유형과 달리 표지가 없어요. 그래서 사람들의 시선을 끌 만한 이미지를 사용하는 데 어려움이 있지요.

웹 포스터는 한 장의 이미지로 구성되기 때문에, 이메일이나 소셜 미디어, 웹 사이트 등에서 다양한 방식으로 쉽게 공유할 수 있습니다. 최근에는 디지털 제작 도구가 다양해지면서, 웹 포스터에 링크, 애니메이션 효과, 동영상 등을 삽입할 수 있게 되었어요.

웹 포스터에서 인용하거나 참고한 자료는 관련된 문구나 이미지 아래에 표기하거나, 모두 모아서 포스터 하단에 작성합니다.

영상 뉴스

영상 뉴스는 우리 사회의 다양한 분야에서 발생한 특정한 사건이나 정보를 전달하기 위해 제작된 영상을 말해요. 뉴스는 텔레비전이나 신문, 인터넷 등 다양한 미디어로 제작되어, 사람들에게 유용한 정보와 소식을 전달하는 역할을 하지요. 사람들은 뉴스를 통해 새로운 정보를 파악하고, 세상에 어떤 일들이 일어나고 있는지 알게 돼요. 이처럼 뉴스는 사람들에게 미치는 영향력이 매우 큽니다.

따라서 뉴스는 신뢰성과 공정성을 갖추는 것이 중요합니다. 뉴스에서 다루는 주제는 단순히 흥미 있는 내용이 아니라, 사회적으로 의미가 있는 내용이어야 해요. 영상 뉴스는 사회 문제나 공동체의 관심사와 관련된 주제를 다루는 데 적합합니다.

영상 뉴스는 다른 동영상 미디어 자료와 마찬가지로, 카메라의 거리와 각도, 자막, 내레이션, 배경음악과 효과음 등 다양한 표현 양식

KBS(2023.07.02.), '기후변화의 또 다른 위기··· 기후 약자' 방송 화면 갈무리

을 활용할 수 있습니다. 하지만 다른 영상에 비해서 영상 뉴스는 단
순한 화면 구성을 활용하고, 표현 효과를 많이 사용하지 않아요. 그
이유는 다양한 표현 방식으로 인해 전달하고자 하는 의미가 달라질

수 있기 때문이에요. 표현 양식의 사용을 줄이고, 현실을 최대한 있는 그대로 전달하려는 의도가 있는 것이지요.

언론사에서 제작한 영상 뉴스는 언론사 홈페이지나 동영상 공유 플랫폼 등을 통해서 공유돼요. 최근에는 편집된 영상이 소셜미디어를 통해 공유되기도 하고, 애초에 소셜미디어를 통해 공유하기 위한 목적으로 영상 뉴스를 제작하기도 합니다.

개인 방송

개인 방송이란 개인이 직접 미디어 자료를 생산하여 대중과 소통하고 공유하는 미디어를 의미합니다. 전통적인 미디어가 기업이나 단체를 통해 자료를 제작했다면, 개인 방송은 누구나 쉽게 미디어 자료를 생산하고 공유할 수 있는 인터넷 환경 속에서 발전했어요.

개인 방송의 가장 큰 특징은 개인의 취향이나 관심사를 반영하여 미디어 자료를 제작한다는 점이에요. 개인 방송의 제작자는 평소 자신이 관심이 있거나 자신만이 가진 지식과 정보를 활용하여 미디어 자료를 생산합니다. 이를 통해 기존의 미디어가 제공하지 못했던 새로운 정보와 경험을 제공하기도 하지요.

또한 개인 방송은 개인이 직접 미디어 자료를 생산하기 때문에, 빠른 의사결정과 신속한 대응이 가능합니다. 그래서 사람들의 관심사와 유행에 민감하게 반응하는 특징이 있어요.

원샷한솔(2020.10.20.), '시각장애인은 혼자 편의점에서
과자를 살 수 있을까?' 방송 화면 갈무리

개인 방송은 시청자와 활발한 상호작용을 이룹니다. 시청자들이
단순히 영상을 보는 데 그치지 않고 방송에 대한 의견을 적극적으로
표현하며, 제작자와 친밀한 관계를 형성하는 것이 특징이지요.

개인 방송은 누구나 쉽게 방송을 진행할 수 있다는 장점이 있지만, 그로 인해 지나치게 자극적인 미디어 자료가 제작되어 문제가 되기도 합니다. 따라서 개인 방송을 제작할 때는 윤리적 측면에서 문제가 없는지 살펴보며 더욱 신중한 태도를 지녀야 해요.

개인 방송은 저마다 자신만의 표현 방식과 진행 방식을 가지고 있습니다. 주제에 따라, 영상의 길이와 표현 양식의 활용에도 차이가 있고요. 따라서 자신이 제작하고자 하는 주제나 장르와 관련된 다른 개인 방송을 참고하며, 차별화된 미디어 자료를 제작할 필요가 있습니다.

단편 영화

단편 영화는 일반적으로 상영 시간이 30분 이하로 짧은 영화를 말합니다. 극장용 장편 영화는 보통 70~120분가량의 길이로 제작되지요. 단편 영화는 짧은 시간 안에 이야기를 완결해야 하므로, 이야기가 간결하고 핵심 메시지를 전달하는 데 중점을 두는 것이 특징입니다.

단편 영화 제작은 사전 제작, 제작, 후반 제작의 단계를 거쳐 이루어지는데요. 사전 제작 단계에서는 주제 선정, 역할 분담, 기획안 작성, 시나리오 작성, 스토리보드 작성 등의 작업을 수행합니다. 사전 제작 단계에서는 촬영을 위한 준비가 충실하게 이루어져야 합니다. 그래야 실제로 촬영할 때 발생할 수 있는 문제를 줄이고, 영화의 완성도를 높

서림고등학교 영화 동아리(2024), '페르소나' 화면 갈무리

일 수 있어요. 제작 단계에서는 본격적인 촬영을 합니다. 후반 제작 단계에서는 촬영 영상 편집, 배경음악과 효과음 삽입 등의 작업이 이루어지고요. 촬영과 편집을 할 때는 전달 효과를 고려하여 다양한 기법을 적절하게 활용하는 것이 필요합니다.

단편 영화는 카메라의 촬영 방식, 배경음악과 효과음, 자막 등 다양한 연출 방식을 활용하여 장면을 만들어 냅니다. 시각적 요소와 청각적 요소를 어떻게 활용하느냐에 따라 장면의 의미가 달라지지요. 따라서 장면이 주는 느낌을 생각하며 영상을 제작하는 것이 중요합니다.

영화 제작을 위해서는 여러 사람이 힘을 합쳐야 해요. 감독, 시나리

오, 스토리보드, 촬영, 배우, 소품, 음악, 편집 등 다양한 부문의 역할
이 무슨 일을 하는지 이해하고 협력하며 영상 제작에 참여하는 태도
를 가져야 합니다.

이것만은 알아두세요

미디어 자료 제작 하기	미디어 제작의 가치	미디어 자료 제작을 통해 창의력, 표현력, 비판적 사고력, 사회적 책임감을 기를 수 있음.
	협력적 문제 해결	동료와의 협력을 통해 완성도 높은 미디어 자료를 제작할 수 있음.
	미디어 제작 단계	1. 기획하기 - 소통 맥락 분석하기 - 기획안 작성하기 2. 제작하기 - 자료 수집하기 - 내용 구성하기 - 미디어 자료 제작하기 3. 공유하기 - 미디어 자료 점검하기 - 공유 방식 정하기 - 공유하고 소통하기
	미디어 유형	- 카드뉴스 - 웹 포스터 - 영상 뉴스 - 개인 방송 - 단편 영화

풀어볼까? 문제!

1. 미디어 자료를 제작하는 과정을 통해 키울 수 있는 역량을 써봅시다.

2. 미디어 자료를 제작하는 단계를 크게 세 가지로 나누어 써봅시다.

3. 다음 빈칸에 들어갈 말을 써봅시다.

> 미디어 자료를 제작할 때는 소통 맥락을 분석해야 한다. 소통 맥락을 제대로 파악해야 목적에 적절한 미디어 자료를 제작할 수 있다.
>
> 소통 맥락에는 (,   ,   ,   ) 등이 있다.

4. 다음 특성에 해당하는 미디어 유형을 연결해 봅시다.

① 개인이 직접 미디어 자료를 생산함 •   • 웹 포스터

② 다양한 정보를 한 장의 이미지로 표현함 •   • 단편 영화

③ 30분 이하의 짧은 영상으로 표현함 •   • 개인 방송

정답

1. 창의력, 표현력, 비판적 사고력, 사회적 책임감

2. 기획하기, 제작하기, 공유하기

3. 주제, 목적, 예상 수용자, 미디어의 특성

4. ① 개인 방송, ② 웹 포스터, ③ 단편 영화

영상 미디어를 제작하고 공유해요

　여러분은 하루에 몇 번이나 영상을 보나요? 친구들과 찍은 재미있는 영상, 유튜브에서 본 멋진 브이로그, 인기 있는 숏폼 영상 등 다양한 영상이 떠오를 거예요. 하루라도 영상을 보지 않는 날이 없을 정도로, 영상이라는 미디어는 오늘날 매우 중요한 소통 수단이 되었지요. 우리는 영상으로 생각과 감정을 표현하는 경험을 통해, 소통 능력을 키울 수 있습니다. 또한 창의력과 상상력을 마음껏 발휘하여 사람들과 소통할 수 있어요.

　영상 제작은 여러분이 생각하는 것보다 훨씬 더 재미있고 흥미로운 활동이에요. 카메라를 들고 여러분의 이야기를 세상에 전하는 과정은 마치 영화감독이 되는 것과 같습니다. 자신의 아이디어가 어떻게 영상으로 표현될 수 있는지를 배우고, 다양한 편집 기술을 활용해 멋진 결과물을 만들어 낼 수 있지요. 그 과정에서 여러분은 자신만의 개성을 발견하고, 삶의 경험을 성찰하는 기회를 얻을 수 있을 거예요. 영상 제작을 통해 우리는 창의적인 미디어 생산자가 될 수 있습니다.

여러분의 목소리를 세상에 전하고, 사람들과 소통하는 여정을 시작해 보세요. 이제 여러분의 카메라와 상상력을 갖추고, 새로운 세계로 떠나보는 건 어떨까요?

영상 제작 과정 이해하기

영상 제작의 단계

영상 제작은 여러 단계를 거쳐 이루어집니다. 각각의 단계별로 맡은 역할을 충실하게 수행해야 다음 과정으로 진행할 수 있어요.

첫 번째 단계는 주제와 영상 유형을 정하는 거예요. 관심 있는 주제나 전달하고 싶은 메시지를 정하고, 영화, 뮤직비디오, 광고, 뉴스 등 영상의 유형을 결정합니다.

다음 단계는 영상 제작을 위해 필요한 역할을 확인하고 분담하는 것이에요. 역할을 나눌 때는 영상 제작 경험과 역량을 고려합니다.

다음으로, 기획안을 작성하여 영상의 전체적인 구성과 제작 계획을 세웁니다. 기획안이 작성되면 이를 바탕으로 구체적인 장면과 대사를 적은 시나리오를 만들어요. 그런 후 스토리보드를 작성하여 영상의 흐름을 시각화합니다.

그처럼 준비 과정을 거친 후 본격적인 촬영 단계에 들어가요. 촬영이 끝나면 편집 작업을 통해 영상을 다듬고 완성도를 높입니다. 마지막으로 영상을 공유하여 다른 사람들과 소통합니다.

영상을 제작하는 과정을 살펴보면, 촬영 이전에 준비하는 단계가 많다는 것을 알 수 있어요. 사전에 준비 작업을 성실하게 해놓지 않으면, 실제로 촬영하는 과정에서 여러 문제를 겪게 되겠지요. 그러한 문제가 반복되면 촬영 시간이 길어질 수밖에 없고, 영상의 완성도가 떨어지게 돼요. 따라서 충분한 준비를 바탕으로 영상을 제작할 수 있도록 노력하는 것이 필요합니다.

주제 및 영상 유형 선정
▼
역할 분담
▼
기획안 작성
▼
시나리오와 스토리보드 작성
▼
촬영
▼
편집
▼
공유

영상 제작의 단계

영상 제작을 위한 역할

영상 제작은 여러 역할의 조화 속에서 이루어집니다. 따라서 영상을 제작하는 데 필요한 역할이 무엇인지 확인하고, 자신이 맡은 역할이 어떤 일을 하는지 이해해야 해요. 그 대표적인 역할들을 확인하고, 영상 제작을 준비해 볼까요?

1) 감독

감독은 영상 제작의 지휘자라고 할 수 있어요. 감독은 영상 제작과 관련된 모든 과정을 이끄는 역할을 합니다. 준비 사항을 확인하고, 일정에 따라 원활하게 영상이 제작될 수 있도록 하지요. 각각의 장면을 어떻게 촬영할지 결정하고, 배우들에게 연기 방법을 알려줍니다. 본격적인 촬영 과정에서는 촬영이 잘 이루어지도록 지시하는 역할을 해요.

감독의 역할을 맡으면 시나리오를 잘 이해하고, 각 장면의 감정과 분위기를 파악해서 어떻게 촬영할지 결정해야 해요. 그리고 머릿속에 구상한 장면의 모습이 스토리보드에 잘 담기도록, 스토리보드를 담당한 친구와 적극적으로 소통하여 스토리보드를 완성하게끔 돕습니다.

스토리보드가 완성되면 시나리오와 스토리보드를 바탕으로, 다른 역할을 맡은 친구들과 장면별 촬영 방식을 공유합니다. 글과 그림으로 표현된 장면을 어떻게 영상으로 구체화할 것인지 제작에 참여하는 모두가 동일하게 이해하고 있어야 해요. 그래야 원활하게 촬영이 이루어질 수 있습니다. 모든 역할이 잘 협력할 수 있도록 돕는 것이 감독의 가장 중요한 임무랍니다.

2) 시나리오

시나리오는 영상을 만들기 위해 쓴 글로, 배우의 동작과 대사, 장면에 대한 설명 등을 상세하게 표현합니다. 시나리오 작성을 맡으면 인물, 사건, 배경을 설정하여 이야기를 만들어야 해요. 영상을 보는 사람들이 흥미를 느끼도록 이야기를 만드는 것이 중요합니다.

시나리오는 영상을 만들기 위한 기본 틀과 같습니다. 시나리오에 작성된 대사와 장면에 대한 설명을 바탕으로, 스토리보드를 작성하고 촬영과 편집을 진행해요. 따라서 시나리오 작성 과정에서, 감독 및 스토리보드 담당과 소통하며 장면을 구성하는 것이 필요합니다.

시나리오를 작성할 때는 인물의 성격과 대사가 일관되도록 신경을 써야 해요. 이야기가 자연스럽게 이어지는지, 영상으로 표현하는 일이 가능한지 등을 고려해야 합니다. 특히 배우가 연기를 하는 데 어려움이 없도록, 장면의 분위기와 인물의 감정을 구체적으로 작성해 주는 것이 좋아요.

3) 스토리보드

스토리보드는 시나리오를 장면별로 나눠서, 어떻게 촬영하고 편집할 것인지 글과 그림으로 표현한 것입니다. 장면을 세분화해서 그림이나 사진으로 표현하고, 장면에 대한 설명, 대사, 배경음악, 효과음 등을 구체적으로 작성해요. 스토리보드는 완성된 영상의 모습을 미리 표현한 것으로, 영상 제작에 참여하는 사람들이 머릿속에 장면을 그려둘 수 있도록 돕는 역할을 합니다.

스토리보드를 작성하기 위해서는 클로즈업, 하이 앵글, 내레이션 등 촬영과 편집을 위한 용어를 잘 이해하고 있어야 합니다. 또한 감독과 협의하여, 장면을 어떻게 구성할지 결정하는 것이 중요해요. 스토리보드를 그림으로 표현하기가 어렵다면, 촬영 장소를 사진으로 찍어서 표현할 수 있어요. 다른 역할을 맡은 친구들이 스토리보드의 내용을 잘 이해할 수 있도록 구체적으로 작성하고, 필요하다면 장면에 관해 설명해 주는 것이 좋습니다.

4) 촬영

촬영 담당자는 카메라를 사용하여 장면을 찍는 역할을 맡아요. 각 장면의 감정과 분위기를 잘 담아내는 것이 중요하지요. 촬영을 위해서는 카메라 사용법을 잘 알아야 하고, 조명과 배경도 신경 써야 합니다.

촬영 담당자는 시나리오와 스토리보드를 바탕으로 미리 촬영 계획을 세우고, 필요한 장비를 준비해야 해요. 촬영 계획을 세울 때는, 감독과 소통하며 장면을 정확히 이해했는지 확인하는 일이 필요합니다.

촬영에 들어가서는 감독의 지시에 따라 장면을 잘 찍는 것이 중요합니다. 사전에 다양한 각도와 구도로 촬영해 보며, 촬영 방식에 따른 느낌의 변화를 이해하면 좋겠지요. 촬영하는 과정에서, 애초에 계획했던 방식으로 촬영하기 어려워지거나 더 좋은 아이디어가 나올 수도 있어요. 그럴 때는 감독과 소통하며 촬영 계획을 수정하도록 합니다.

5) 음악

음악 담당자는 영상의 분위기를 살리기 위해, 장면에 적절한 배경 음악과 효과음을 선정하는 역할을 합니다. 다양한 음악 장르를 이해해야 하고, 장면에 맞는 음악과 효과음을 찾아내는 능력을 갖추고 있어야 하지요. 소리는 감정을 전달하는 데 큰 역할을 하므로, 장면의 분위기와 인물의 감정을 잘 파악할 수 있어야 해요.

음악 담당자는 저작권 문제에 유의해야 합니다. 영상에 음악을 사용하기 전에, 그것이 허락된 저작물인지 반드시 확인해야만 해요.

6) 배우

배우는 인물을 연기하여 사람들에게 이야기를 전달하는 역할을 합니다. 대사를 외우고 인물의 감정을 이해하며 연기 연습을 해야 해요. 연기 준비가 제대로 되어 있지 않으면, 본격적인 촬영에 들어가서 '엔지(NG)'라는 촬영 실패가 반복될 수 있어요. 배우는 감독과 소통하면서, 자신의 연기가 이야기를 효과적으로 전달하는지 확인하고 조정해야 합니다. 등장인물이 여러 명이라면 다른 배우와 호흡도 맞춰야 하고요.

실제 촬영은 시나리오의 장면 순서와 다르게 진행되는 경우가 많습니다. 따라서 장면별로 인물의 감정에 몰입하여 자연스럽게 연기하는 것이 중요해요. 연습을 통해, 인물과 자신을 잘 연결하는 것도 배우에게 중요한 일입니다.

7) 편집

편집 담당자는 촬영된 영상을 정리하고 필요한 효과를 추가하여, 최종 영상을 만드는 역할을 합니다. 편집을 위해서는 편집 프로그램을 사용할 수 있어야 해요. 사전에 자신에게 맞는 영상 편집 프로그램을 선정하고, 프로그램 설명 영상 등을 통해 사용법을 익혀야 합니다.

편집 과정에서는 이야기의 흐름이 자연스럽게 이어질 수 있도록 장면의 순서를 배열합니다. 시나리오와 스토리보드를 바탕으로 촬영된 장면을 잘 조합하여, 시청자가 몰입할 수 있는 영상을 만들어야 해요. 장면에 따라서 장면 전환, 특수 효과, 자막 등 다양한 편집 기법을 활용할 수 있어요.

8) 소품과 의상

소품과 의상 담당자는 인물과 이야기에 맞는 소품과 의상을 준비합니다. 인물의 성격과 배경에 맞는 의상과 소품을 준비해야 하지요. 시나리오를 작성한 친구와 소통하며 소품과 의상이 이야기에 잘 어울리는지 확인하고, 배우 역할을 맡은 친구와 함께 소품과 의상이 적절한지 판단합니다.

장면에 따라 의상과 소품이 일관적으로 유지되는 것이 중요해요. 따라서 장면별로 어떤 의상과 소품이 등장하는지 확인하고, 촬영 도중에 의상과 소품이 뒤바뀌는 일이 없도록 합니다.

역할	하는 일
감독	연기, 촬영, 편집 등 영상 제작을 위한 모든 일을 총괄하고 촬영을 지휘
시나리오	이야기를 구성하고 대사를 글로 표현
스토리보드	시나리오를 장면별로 나눠서, 어떻게 촬영하고 편집할 것인지 글과 그림으로 설명
촬영	시나리오와 스토리보드를 바탕으로 영상 촬영
음악	장면에 어울리는 배경음악과 효과음 삽입
배우	배역에 맞게 인물의 말과 행동 표현
편집	촬영한 영상 편집
소품과 의상	배우의 의상과 소품 준비

영상 제작을 위한 역할

시나리오와 스토리보드 작성하기

시나리오의 작성 단계

시나리오는 영상의 뼈대를 이루는 중요한 요소로, 이야기를 명확하게 전달하는 데 도움을 줍니다. 시나리오를 작성하는 방법은 다양하지만, 다음과 같은 단계에 따라 작성하면 어렵지 않게 매력적인 이야기를 만들 수 있을 거예요.

1) 아이디어 떠올리기

시나리오 작성의 첫걸음은 아이디어를 정하는 것입니다. 이 단계에서는 어떤 이야기를 만들고 싶은지를 생각해 보는 것이 중요해요. 주변에서 일어나는 일이나 소설, 영화, 뉴스에서 아이디어를 얻을 수 있겠지요.

아이디어를 생각할 때는 자유롭게 써보는 것이 좋아요. 종이에 여러 가지 생각나는 주제를 적고, 주제와 관련된 다양한 아이디어를 작성해 봅니다. 생각나는 대로 적은 내용을 살펴보면서, 주제와 배경, 주인공, 핵심 사건, 분위기 등 영상의 성격을 설정합니다.

2) 한 줄로 이야기 설명하기

영상의 성격을 정했다면, 이를 바탕으로 영상을 통해 어떤 이야기를 전하고 싶은지를 한 줄로 표현합니다. 이야기의 특징을 바로 파악할 수 있도록, 가장 핵심이 되는 내용을 작성하는 것이 중요해요. 다음처럼, 자신이 제작하려는 영상 유형에 해당하는 유명한 작품의 소개글을 참고하면 좋겠지요.

큰 자기 유재석과 아기 자기 조세호의 자기들 마음대로 떠나는 사람 여행이 시작된다.

- 방송 '유 퀴즈 온 더 블럭'

소녀 라일리의 머릿속에서 함께 살아가고 있는 감정들 중 기쁨과 슬픔이 바깥으로 빠져나가면서 라일리의 마음에 변화가 찾아온다.

- 영화 '인사이드 아웃'

감정과 정체성을 숨기고 '가면'을 쓰며 살아가던 주인공은 친구의 도움으로 진정한 자신을 찾아간다.

- 청소년 영화 '페르소나'

3) 줄거리 작성하기

이야기의 성격을 드러내는 문장을 만들었다면, 이를 바탕으로 줄거리를 작성합니다. 처음부터 줄거리를 완성하겠다고 생각하기보다, 한 줄 문장에서 분량을 점차 늘려 줄거리를 완성하는 것이 좋아요. 예를 들어 처음엔 세 줄에서 다섯 줄가량의 분량으로 줄거리를 작성해 봅니다. 이후 열 줄, 스무 줄로 늘려가면서 이야기의 사건과 배경을 점차 구체적으로 드러냅니다.

주인공 연우는 자신의 감정과 정체성에 대한 갈등을 겪으며 '가면'을 쓰고 하루하루를 살아가고 있다. 아침마다 가면을 쓴 채 집을 나서지만, 친구들과의 만남 속에서도 점점 감정적으로 혼자가 되어간다. 결국 친구와의 대화 중에 자신의 진짜 감정을 털어놓고, 스스로를 받아들이려는 노력을 시작하게 된다. 연우는 외부의 기대 속에서 자신을 숨기고 살아왔지만, 친구의 위로와 이해를 통해 점차 진정한 자신을 찾아가게 된다.

- 청소년 영화 '페르소나'

4) 장면 나누기

줄거리를 바탕으로, 이야기를 여러 장면으로 나눕니다. 각 장면에서 어떤 일이 벌어지는지 간단히 적어두면 좋겠지요. 몇 개의 장면으로 나눠보면, 이야기를 더 잘 구성할 수 있습니다.

장면 1	연우는 아침에 거울을 보며 불안한 표정으로 하루를 시작한다.
장면 2	학교에서 연우는 친구가 다가오자 불안함을 숨긴다.
장면 3	친구와의 대화에서, 연우는 자신의 감정을 털어놓고 위로를 받는다.
장면 4	집에 돌아온 연우는 하루를 정리하며 새로운 결심을 한다.

줄거리를 바탕으로 장면 나누기

5) 시나리오 작성하기

모든 내용을 정리한 후 시나리오 형식으로 작성해 보세요. 일반적으로는 장면 번호, 장면 제목, 인물 이름, 대사 순으로 적습니다. 시나리오의 형식에 맞춰서 작성해야, 촬영할 때 장면을 더욱 정확하게 이해할 수 있어요.

S#1. 타이틀 시퀀스. 집. 아침.

밤이 내려앉은 것처럼 어두운 파란빛이 도는 방 안. 침대 위에 걸터앉은 박연우(여/18)의 하체가 보인다. 무표정인 연우의 얼굴. 눈을 비비다 일어나서 곧장 화장실로 향한다. 방 벽에 걸려 있는 하얀 가면. 여전히 무표정인 채 화장실로 들어가는 연우. 상체를 숙인 채 양팔로 세면대를 잡고 기대 있던 연우는 물을 틀고 벅벅 세수한다. 물이 뚝뚝 떨어지는 연우의 옆모습이 보이고, 고개를 드는 연우. 거울 너머로 연우의 얼굴이 보인다. 순간 가면이 걸린 벽으로 전환되었다 돌아오는 화면. 연우는 양손으로 억지로 입꼬리를 들어 웃는 얼굴을 만들어 본다. 파들파들 떨리는 손과 입꼬리. 다시 가면이 걸린 벽으로 전환되었다 돌아오는 화면. 여전히 입을 제외한 얼굴에서는 차가움만이 느껴진다. 다시 방이 비치고, 교복을 갖춰 입고 넥타이를 매고 있는 연우의 모습. 조금씩 급함이 보인다. 넥타이를 다 매고 나서 가면이 걸린 벽을 바라보는 연우. 하얗고 깨끗한 가면. 연우는 가면을 벽에서 떼고 방을 나가며 얼굴에 쓴다. 텅 빈 방을 비추며 '페. 르. 소. 나' 글자가 화면을 채운다.

S#23. 정문. 오후.

억지로 지은 암울한 미소의 연우. 바닥을 보며 걷는데 아침에 뿌리친 친구가

급하게 다가와 괜찮냐며 말을 건다. 힘 없이 친구를 쳐내는 연우. 하지만 친구는 포기하지 않는다. 결국 연우는 친구를 바라보며 미소를 지어보려 하지만 전혀 되지 않고, 이에 친구의 손을 붙잡고 제 이야기를 털어놓는다. "나, 미소가 안 지어져. 가면이 없어서 아무것도 할 수가 없어. 어떻게 해야 할지를 모르겠어." 점점 더 불안해지고 감정이 격해진 얼굴. 양손으로 제 얼굴을 쓸어내리며 고통스럽게 이야기한다. 걱정스러운 표정의 친구는 그런 연우를 껴안고 등을 토닥여 준다. 친구의 어깨에 기대어 울고 있는 연우.

S#27. 운동장 계단. 오후.

아이들과 둘러앉아 있는 연우. 긴장이 조금 풀렸는지, 밝진 않지만 은은한 미소로 아이들과 대화를 나눈다.

S#28. 거리. 오후.

집으로 돌아가던 연우는 주변의 꽃과 웃으며 지나가는 아이들, 푸른 하늘을 보며 잠시 걸음을 멈춘다.

S#29. 집. 아침.

일찍 일어나 기지개를 켜고 침대를 정리하던 연우. 베개 아래의 거의 다 부서진 가면을 발견한다. 순간 깊은 생각에 잠긴 연우. 하지만 곧 가면을 들고 쓰레기통에 던져버린다. 유유히 방을 나가는 연우. 연우가 나간 문을 비추며 물 트는 소리가 들림과 거의 동시에 연우의 옅은 웃음소리가 들리며 화면 어두워짐.

서림고등학교 영화 동아리(2024), '페르소나' 시나리오

스토리보드의 작성 단계

스토리보드는 이야기를 장면별로 구분하여, 어떻게 영상으로 만들 것인지에 관해 구체적인 정보를 작성한 문서예요. 스토리보드에는 장면 번호, 장면에 대한 설명, 촬영 방법, 대사, 배경음악, 효과음, 자막 등의 요소를 작성해요. 스토리보드는 앞으로 촬영할 장면을 쉽게 파악할 수 있게 해주고, 여러 역할을 맡은 친구들이 영상 제작의 방향을 이해하고 필요한 준비를 할 수 있도록 돕는다는 점에서 중요합니다.

1) 스토리보드 작성 연습하기

스토리보드를 작성하려면, 촬영과 편집을 통해 장면을 어떻게 구성하는지 이해할 수 있어야 합니다. 그러기 위해, 다른 작품을 활용하여 스토리보드 작성 방법을 연습하는 것이 좋아요.

친구들과 함께 영화나 드라마의 한 장면을 선정하여 영상을 보고 스토리보드를 작성해 봅니다. 카메라가 어떤 위치에서 어떤 거리와 각도로 촬영하면 그러한 화면이 나올 수 있는지, 어떤 배경음악과 효과음을 활용했는지 등을 분석해 봅니다. 각자 작성한 스토리보드를 비교하며, 촬영과 편집 방법에 대해 이야기를 나눕니다.

2) 글로 장면 설명하기

미리 각 장면에 대해 설명하는 글을 써보면, 스토리보드를 보다 쉽게 작성할 수 있어요. 시나리오의 장면을 머릿속에 그려본 후, 어떤 방식으로 촬영할 것인지 글로 표현합니다. 배우의 위치와 움직임, 카메라의 위치와 각도, 배경음악과 효과음, 자막 등을 생각하면서, 구체적으로 장면을 설명합니다.

실제로 촬영할 때는, 촬영에 참여하는 모든 친구들이 스토리보드를 보고 각자의 역할을 수행하게 돼요. 따라서 실제 촬영 상황을 떠올리면서, 촬영에 필요한 정보를 빠짐없이 작성하도록 합니다.

3) 그림으로 장면 설명하기

글로 작성한 장면별 설명 내용을 바탕으로, 그림이 포함된 스토리보드를 작성합니다. 장면을 글로 설명한 내용을 스토리보드 양식에 맞춰서 해당하는 항목에 작성해요. 글로 설명한 내용을 이해하기 쉽게 그림이나 사진으로 표현합니다.

이때 그림을 잘 그릴 필요는 없어요. 그림을 통해 카메라의 위치, 거리, 각도 등을 파악할 수 있으면 충분합니다. 그림으로 표현하기 어려울 때는 글로 부연 설명을 할 수 있어요. 스토리보드는 촬영과 편집을 어떻게 할 것인지에 대한 계획입니다.

S#1.

#타이틀 시퀀스. 집. 아침.

※ S 사운드

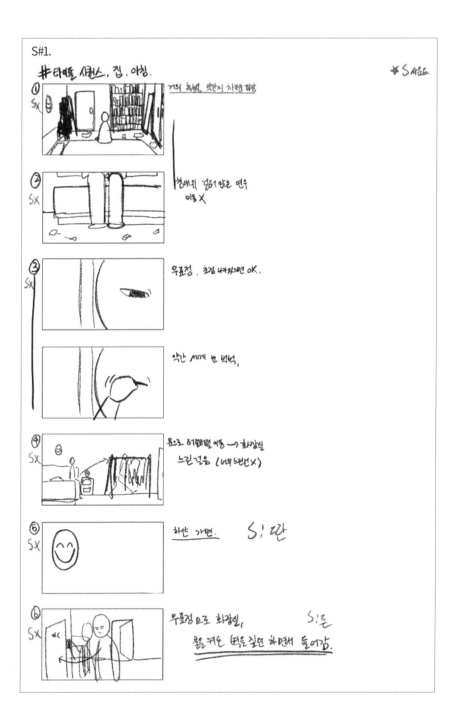

① Sx — 거의 흑백. 약간의 차가운 화면

② Sx — 전체적 정지 앞으로 연우 이동 X

③ Sx — 무표정. 초점 나가있어도 OK.

약간 세게 눈 벽벽.

④ Sx — 오른쪽 히잉파트 이동 → 화장실 느린걸음 (너무느린건 X)

⑤ Sx — 하얀 가면. S! 딴

⑥ Sx — 무표정으로 화장실. S!돈 물을 켜고 면도 질면 하면서 들어감.

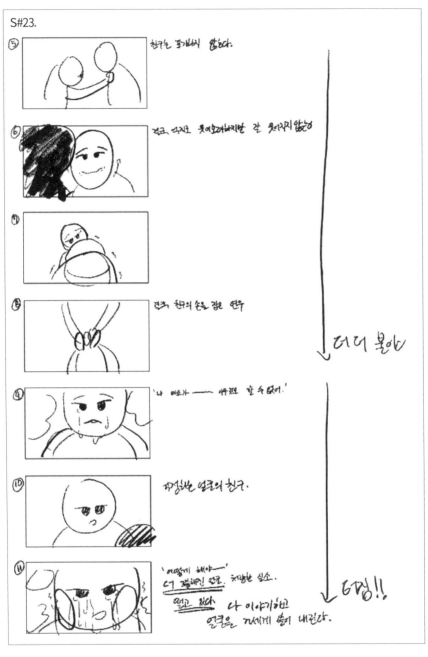

서림고등학교 영화 동아리(2024), '페르소나' 스토리보드

복합 양식 요소 고려하여 촬영하고 편집하기

복합 양식 미디어로서의 영상

우리는 영화나 유튜브 영상을 볼 때, 화면에 나오는 영상과 함께 소리도 접하게 됩니다. 만약 소리 없이 화면만 본다면, 영상의 의미를 제대로 파악하거나 재미를 느끼기 어려울 거예요. 이처럼 영상은 시각적인 요소와 청각적인 요소가 결합해 있습니다. 영상은 의미를 전달하는 요소가 복합적으로 사용되는 복합 양식의 미디어입니다.

여러 번 말했듯이, 복합 양식 미디어란 문자, 그림, 사진, 소리 등 의미를 전달하는 여러 요소가 함께 사용된 미디어를 의미해요. 문자만 사용하는 글은 하나의 요소로 의미를 전달하는 단일 양식 미디어이지요. 반면에 그림책은 그림과 문자가 함께 사용되는 복합 양식 미디어입니다. 교과서는 의미 전달을 위해 문자, 그림, 사진 등의 요소를 사용하며, 영상은 화면, 배경음악, 자막 등 다양한 요소를 사용해요. 영상을 비롯한 오늘날 대부분의 미디어는 복합 양식 미디어에 해당합니다.

복합 양식 미디어라는 것은 어떤 내용을 전달하기 위해 활용할 수 있는 요소가 다양함을 의미해요. 우리는 영화를 볼 때, 인물의 행동이나 대사, 자막, 배경음악과 효과음 등 다양한 요소를 통해 장면에 대한 정보를 얻습니다. 그처럼 다양한 요소가 조화롭게 구성될 때, 우리는 장면 속 상황에 몰입할 수 있어요. 어설프게 제작된 영상을 보며 우리가 몰입하지 못하는 이유는, 영상을 구성하는 다양한 요소를 효과적으로 활용하지 못한 탓이 클 거예요.

클로즈업이나 내레이션과 같은 용어를 들어본 적이 있나요? 영상은 시각적 요소와 청각적 요소를 중심으로 다양한 연출 기법을 발전시켜 왔어요. 영상의 시각적 요소에는 인물과 배경, 자막, 사진, 그래픽 등이 있는데요.

예를 들어 인터뷰 영상에서 제작자는 시청자가 지루하지 않도록 다양한 위치에서 인물을 촬영한 장면을 보여줍니다. 또한 자막을 활용하여 시청자들이 내용을 쉽게 이해하게끔 돕거나, 중요한 내용을 강조하기도 하지요. 여러분이 즐겨 보는 영상의 화면이 어떤 요소들로 이루어졌는지 살펴보면, 영상의 시각적 요소를 보다 잘 이해할 수 있을 거예요.

양현고등학교 방송부(2022), '양퀴즈 에피소드 01' 화면 갈무리

청각적 요소로는 대사, 내레이션, 효과음, 배경음악 등이 있어요. 영화에서는 배우들의 대사와 함께 배경음악과 효과음을 넣어 장면의 분위기를 살리지요. 또한 내레이션을 통해 중요한 설명을 추가하기도 해요. 유튜브 영상에서는 제작자의 목소리로 내레이션을 넣어, 영상의 내용을 자세히 설명하는 경우가 많습니다.

이처럼 시각적 요소와 청각적 요소가 잘 어우러지면, 영상의 주제를 더욱 명확하고 생동감 있게 전달할 수 있어요. 영상을 제작할 때는 이 두 가지 요소를 적절히 활용하여, 사람들의 이해와 몰입도를 높이는 것이 중요합니다.

복합 양식 요소를 활용한 영상 기법

영상 제작에서 다양한 영상 기법을 잘 활용하는 일은 매우 중요합니다. 먼저 카메라의 거리와 각도를 적절히 사용할 줄 알아야 해요. 카메라가 대상과 가까우면 인물의 표정과 세부적인 부분을 묘사할 수 있고, 멀리 있으면 전체 배경을 보여줄 수 있어요.

예를 들어, 인물을 인터뷰할 때는 먼 거리에서 촬영한 장면으로 시작하는 경우가 많습니다. 인물과 배경을 전체 화면으로 제시하여, 인터뷰하는 상황임을 시청자에게 알려주기 위해서예요. 이후에는 말하는 인물의 모습을 가까운 거리에서 촬영한 장면으로 보여줌으로써, 인물의 말에 집중할 수 있도록 합니다.

카메라의 각도 또한 중요해요. 카메라가 높은 위치에서 아래를 향

| 하이 앵글 | 로 앵글 |

해 촬영하면(하이 앵글), 대상이 작고 힘이 없어 보입니다. 반대로 낮은 위치에서 위를 향해 촬영하면(로 앵글), 대상에게서 힘을 느낄 수 있어요. 영화에서는 주인공을 위협하는 악당을 낮은 위치에서 촬영함으로써, 무서운 분위기를 자아내곤 한답니다.

배경음악과 효과음은 영상의 분위기를 형성하는 큰 역할을 합니다. 액션 영화에서는 박진감 넘치는 음악을, 공포 영화에서는 긴장감을 주는 음악을 활용해요. 유튜브 영상에서는 채널마다 개성 있는 효과음을 사용하여, 장면의 의미를 전달하는 경우가 많습니다. 우리에게 익숙한 배경음악과 효과음은 소리만으로도 장면의 의미를 전달하는 힘이 있어요. 예능 영상에서는 유명한 영화의 배경음악을 사용함으로써, 영화 속에서의 상황을 떠올리게 만들어 재미를 더하기도 하지요.

대사와 내레이션도 중요한 요소예요. 배우들의 대사는 인물의 성격과 감정을 드러내고, 내레이션은 상황에 대한 설명이나 인물의 내면을 전달하여 시청자의 이해를 돕습니다. 영화에서는 과거를 회상하거나 이야기의 배경을 설명할 때 자주 사용되지요. 다큐멘터리나 교육 영상에서는 정보나 사실을 전달하는 데 사용됩니다.

자막은 내용 전달을 위한 대사 자막, 외국어 대사 번역을 위한 자막, 청각장애인을 위한 음향 설명 자막 등 다양한 형태로 활용됩니다. 영화나 드라마는 자막을 사용하는 일이 많지 않으며, 주로 시간이나 장소 등 상황을 설명할 때 사용해요. 방송 프로그램은 자막의 크기, 색상, 위치 등을 적절히 조절함으로써, 시청자가 내용을 쉽게 파악하도록 돕지요. 예능 영상에서는 개성 있는 자막을 적극적으로 활용하여, 자막만 봐도 어떤 프로그램인지 알 수 있을 정도입니다.

예능 방송 자막

이 외에도 영상 제작에는 장면 전환, 화면 분할, 빨리 감기, 슬로 모션 등 다양한 기법이 활용됩니다. 최근에는 클릭 한 번으로 다양한 기법을 사용할 수 있는 영상 편집 프로그램이 널리 쓰이고 있어요. 장면에 필요한 기법이 있다면, 편집 프로그램의 도움을 받아 영상에 적용해 보는 것도 영상의 완성도를 높이는 방법입니다.

화면 분할

이것만은 알아두세요

영상 제작	역할	감독, 시나리오, 스토리보드, 촬영, 음악, 배우, 편집, 소품과 의상
	제작 과정	1. 주제 및 영상 유형 선정 2. 역할 분담 3. 기획안 작성 4. 시나리오와 스토리보드 작성 5. 촬영 6. 편집 7. 공유

복합 양식	개념	문자, 그림, 사진, 소리 등 의미를 전달하는 요소가 다양한 것
	영상 기법	– 카메라의 거리와 각도 – 배경음악과 효과음 – 자막 – 장면 전환, 화면 분할, 빨리 감기, 슬로 모션 등

풀어볼까? 문제!

1. 모둠원과 함께 제작할 영상의 주제와 유형을 선정해 봅시다.

주제	
영상 유형	☐ 뮤직비디오　　☐ 단편 영화　　☐ 개인 방송 ☐ 공익광고　　☐ 면담 영상　　☐ _____
선정 이유	

2. 영상 제작을 위한 역할을 정해봅시다.

역할	하는 일	담당자
감독	영상 제작 과정 총괄, 촬영 지휘	
시나리오	이야기를 구성하고 대사를 글로 표현	
스토리보드	이야기를 장면별로 글과 그림으로 설명	
촬영	시나리오와 스토리보드를 바탕으로 영상 촬영	
음악	장면에 어울리는 배경음악과 효과음 삽입	
배우	배역에 맞게 인물의 말과 행동 표현	
편집	촬영한 영상 편집	
소품과 의상	배우의 의상과 소품 준비	

3. 소통 맥락을 고려하여 기획안을 작성해 봅시다.

제목	
기획 의도	
중심 내용	
제작 형식과 방법	

제작 일정	일정	제작 과정

4. 이야기의 구성 단계에 따라 시나리오를 작성해 봅시다.

① 주제를 중심으로 떠올린 아이디어를 적고 모둠원과 공유해 봅시다.

② 아이디어를 바탕으로 한 줄로 이야기를 설명해 봅시다.

③ 단계별로 분량을 늘려가며 줄거리를 작성해 봅시다.

두 줄~다섯 줄 줄거리	
열 줄 줄거리	

④ 장면을 나눠서 주요 사건을 정리해 봅시다.

장면	주요 사건

⑤ 시나리오의 형식에 맞게 장면별로 시나리오를 작성해 봅시다.

5. 시나리오를 바탕으로 스토리보드를 작성해 봅시다.

① 장면을 세분화하여 연출 방식을 글로 설명해 봅시다.

장면	연출 방식

② 스토리보드를 작성해 봅시다.

장면 번호	장면 그림	장면 설명	대사, 음악, 효과 음, 자막

6. 시나리오와 스토리보드를 바탕으로 영상을 촬영해 봅시다.

7. 촬영한 영상에 배경음악, 효과음, 자막 등을 넣어 편집해 봅시다.

8. 완성한 영상을 다음 기준에 따라 점검하고 공유해 봅시다.

- 주제가 명확하고 분명하게 드러나요?
- 예상 수용자와 목적에 적절한 내용과 형식을 갖췄나요?
- 복합 양식 요소를 고려하여 효과적으로 표현했나요?
- 소통 윤리에 어긋나는 내용이나 표현이 담겨 있지 않나요?

Part 4. **미디어에서의 소통과 성찰이란
무엇일까요?**

미디어 소통에서의 권리와 책임을 이해해요

미디어 자료의 제작 과정을 성찰해요

지민

얘들아, 학생회 채널에 수학여행
사진 올렸어! 다들 확인해 봐!

어떤 거야? 빨리 봐야겠다!

민재

야, 하늘이 좀 봐! 왜 이렇게 웃기
냐. ㅋㅋㅋ

아, 뭐야!

이런 걸 올리면 어떡해?
아, 짜증 나!

민재

괜찮아, 재밌으면 됐지. 근데 왜
이런 표정이 나온 거야? ㅋㅋ

지민

아, 그런가? 미안, 그냥 재밌을 거
같아서 올린 거였어. 바로 내릴게.

그 사이에 누가 캡처라도
해놨으면 어떡하냐고!

지민

미안, 미안. 바로 삭제하고 사과문
도 올려서 문제가 생기지 않도록
할게.

 민재

그래. 좋은 사진도 많은데 이런
사진 때문에 기분 상하지 말자.

아, 됐어. 빨리 내리기나
하라고!

 민재

그래. 우리 학교 학생뿐만 아니라
누구나 볼 수 있는 채널에 올리는
건 좀 아닌 것 같다.

다음부터는 조심해!

미디어 소통에서의 권리와 책임을 이해해요

우리는 미디어 소통의 시대에 살고 있습니다. 여러분의 일상을 떠올려 보면, 친구들과 소통하기 위해 소셜미디어나 유튜브를 많이 이용하고 있을 거예요. 스마트폰으로 사진을 올리고, 재미있는 영상을 보거나 댓글을 달면서 하루하루를 즐기고 있겠지요. 하지만 이렇게 미디어를 이용하는 즐거움 속에는 우리가 꼭 알아야 할 중요한 책임과 권리가 있다는 사실, 알고 있나요?

누구나 볼 수 있는 공간에 친구와 함께 찍은 사진을 공유하며, 친구의 얼굴은 가린 채 올리는 경우가 있습니다. 아마도 그 친구가 사진이 공개되는 것을 원하지 않을 수 있다고 생각해서, 친구의 얼굴을 가리고 공유한 것이겠지요.

이처럼 미디어로 소통하는 과정에서는 서로를 위해 지켜야 할 것이 있습니다. 바로 권리와 책임이에요. 미디어 소통에서 권리와 책임은 서로 밀접하게 연관되어 있어요. 우리가 소통할 때 상대방을 존중하고 책임감 있게 행동한다면, 더욱 건강하고 긍정적인 소통 환경을 만들 수 있을 거예요. 그러한 태도는 개인뿐만 아니라 사회 전체의 발전에도 이바지하게 됩니다.

표현의 자유

미디어 소통은 우리가 친구들과 가족 그리고 더 넓은 세상과 연결될 수 있는 중요한 방법이에요. 스마트폰, SNS, 유튜브 등 다양한 플랫폼을 통해, 우리는 자신의 생각과 감정을 자유롭게 표현할 수 있어요. 하지만 이와 함께 우리는 다른 사람의 생각을 존중해야 할 책임도 집니다.

누구나 자신의 의견이나 감정을 말할 권리가 있어요. 학교에서 친구들과 대화하거나 소셜미디어에 글을 올릴 때, 우리는 자신의 생각을 솔직하게 표현할 수 있습니다. 자신이 좋아하는 음악이나 영화에 대해 이야기하거나, 사회 문제에 대한 의견 등을 공유하는 것은 세상과 소통하는 중요한 과정이에요. 여러분의 생각이 소중하다는 사실을 잊지 말아야 합니다.

그러나 여기서 놓치지 말아야 할 중요한 점이 있어요. 자신의 권리를 행사할 때, 다른 사람의 권리도 존중해야 한다는 것입니다. 자신의 생각을 표현하는 것은 좋지만, 다른 사람에게 상처나 불쾌함을 주는 방식이라면 문제가 되기도 해요. 친구의 의견에 반대할 때도 그 친구를 비난하거나 무시할 것이 아니라, 자신의 생각을 차분하게 설명하고 대화를 이어가는 것이 중요합니다.

특히 디지털 공간에서는 얼굴을 마주하지 않고 소통하는 경우가 많아요. 그리고 상대가 누군지 알지 못한 채, 익명으로 소통하는 상황이 자주 발생하지요. 그러한 특성으로 인해 게임에서 만난 사람과 말다툼을 하거나, 영상에 올라온 의견에 댓글을 달며 싸우기도 합니다.

익명의 공간에서도 상대를 존중하는 태도가 필요해요. 모든 사람은 각자의 배경과 경험에 따라 다르게 생각할 수 있습니다. 따라서 다른 사람의 의견을 듣고 이해하려는 태도가 필요합니다. 자신의 표현이 다른 사람에게 큰 영향을 미칠 수 있다는 점을 기억하고, 타인을 존중하며 자신의 생각을 표현할 수 있어야 해요.

디지털 발자국

디지털 발자국이란 우리가 인터넷과 디지털 기기를 사용하면서 남기는 모든 흔적을 의미합니다. 우리가 디지털 공간에 작성하거나 공유한 게시물과 댓글, 검색 기록, 접속 기록 등이 모두 디지털 발자국에 해당해요. 디지털 발자국은 게시물이나 댓글처럼 의도적으로 남기는 경우도 있지만, 검색 기록이나 방문 기록처럼 자기도 모르게 남게 되는 경우도 있어요. 그러한 발자국은 우리가 디지털 공간에서 어떤 활동을 했는지를 보여줍니다.

디지털 공간의 발자국들은 쉽게 사라지지 않고, 오랜 시간 남아 있기도 합니다. 또한 자신이 작성한 게시물이나 댓글을 삭제해도, 화면을 저장하는 기능을 통해 누군가의 디지털 기기에 남게 되기도 해요. 그러므로 앞으로 디지털 공간에서 소통할 때는 신중하게 행동하려고 노력해야 합니다.

우리는 온라인에서 자신의 의견을 표현하고 정보를 공유할 권리가 있어요. 하지만 이때 우리의 발자국이 어떻게 남을지를 생각해야 합니다. 친구와의 대화 내용이나 사적인 사진을 소셜미디어에 공유할 때, 그 정보가 나중에 어떻게 사용될 수 있을지 고려해야 해요. 만약 당사자의 허락 없이 다른 사람의 사진을 올린다면, 이는 그 사람의 권리를 침해하는 행동이 될 수 있어요. 따라서 자신의 권리를 행사할 때는 다른 사람의 권리도 존중해야 합니다.

디지털 발자국은 우리의 책임과도 깊은 관련이 있어요. 온라인에서의 발자국은 평생 남기도 합니다. 중학생들이 학교생활이나 친구와의 관계에서 남긴 부정적인 댓글이나 사진은 나중에 성인이 되어서도 영향을 미칠 수 있습니다. 따라서 우리는 발자국을 남길 때 신중해야 해요. 어떤 게시물을 공유하거나 '좋아요'를 누를 때도, 그러한 발자국이 온라인 공간에 남아도 좋을지 생각해야 합니다.

정부에서는 청소년의 디지털 발자국을 지울 수 있는 서비스를 제공하고 있어요. 개인정보보호위원회가 운영하는 '개인정보 포털'에 방문하면, '지우개 서비스'를 이용할 수 있는데요. 이 서비스를 통해, 청소년 시기에 작성한 개인정보가 포함된 게시물을 삭제할 수 있답니다.

지우개(잊힐 권리) 서비스가 뭐예요?

우선,
지우개는 지켜야할 우리들의 개인정보를 말해요.
지우개(잊힐 권리) 서비스는 아동·청소년 시기에 작성한 게시물 중 개인정보가 포함되어 있는 게시물에 대해 삭제되도록 하거나 다른 사람이 검색하지 못하도록 도와주어 우리들의 소중한 개인정보를 지켜주는 서비스입니다.

지우개 서비스 (출처: 개인정보 포털)

저작권

우리가 오랜 시간 공들여 만든 영상을 누군가가 몰래 베껴서 인기를 얻는다면 기분이 어떨까요? 그러한 문제를 막기 위해 생산자에게 부여한 권리가 저작권이에요. 저작권은 생산자가 자신이 만든 창작물에 대해 갖는 권리를 말합니다.

창작물에는 블로그 글, 음악, 영상, 사진 등 다양한 미디어 유형이 포함됩니다. 여러분이 소셜미디어에 글을 쓰거나 유튜브에 영상을 올리면, 그 미디어 자료는 여러분의 것이에요. 다른 사람들이 그것을 사용하려면 반드시 여러분의 허락을 받아야 하지요. 허락 없이 사용하면 저작권을 침해하는 일이 됩니다.

저작권은 생산자에게 자신의 창작물을 보호할 수 있는 권리를 줌으로써, 창작을 위해 들인 노력과 시간을 보상받는 기회를 제공합니다. 유명한 유튜버가 자신의 영상을 올리고 광고 수익을 얻는 것은 저작권 덕분에 가능한 일이에요. 그처럼 저작권은 좋은 콘텐츠가 더 많이 만들어지도록 돕는 중요한 역할을 합니다.

우리가 생산한 창작물이 보호받아야 하듯이, 다른 사람이 생산한 창작물도 보호받아야 해요. 따라서 디지털 공간에서 소통할 때, 다른 사람의 저작권을 침해하지 않도록 조심해야 합니다. 미디어 자료를 제작하거나 공유하며, 다른 사람의 저작물을 허락 없이 사용하지 않았는지 확인하는 자세를 가져야 해요. 항상 출처를 확인하고, 필요하다면 창작자가 이용을 허락한 자료를 활용하도록 합니다.

디지털 공간에서는 수많은 정보와 자료를 쉽게 얻을 수 있습니다. 하지만 출처를 확인하지 않고 함부로 사용하면, 저작권을 침해하는 일이 발생할 수 있어요. 다른 사람이 생산한 자료를 활용할 때, 출처와 저작권을 확인하는 습관을 길러야 합니다.

또한 미디어 생산자로서 자신이 생산한 미디어 자료를 공유할 때, 이용 범위를 알리는 것도 중요해요. 필요하다면 자신의 창작물을 다른 사람들이 이용할 수 있도록 이용 조건을 표시할 수 있습니다.

초상권

초상권은 개인의 얼굴이나 모습을 디지털 공간에서 무단으로 사용하지 못하도록 보호하는 권리를 의미해요. 우리에겐 자신의 모습이 나온 사진이나 동영상을 다른 사람이 사용하는 일을 막을 수 있는 권리가 있습니다. 자신의 얼굴이나 모습이 담긴 사진 등을 다른 사람이 사용할 때, 그 사용이 적절한지 판단할 권리가 있어요. 다른 사람이 내 모습이 담긴 사진이나 영상을 사용하고 싶다면, 반드시 나의 허락을 받아야 합니다. 허락 없이 사용하면 초상권을 침해하는 일이 돼요.

초상권은 개인의 사생활을 보호하는 데 매우 중요해요. 초상권이 없다면, 명예를 훼손당할 수 있는 상황에 자신의 사진이 사용되는 것을 막을 방법이 없습니다. 따라서 초상권은 모든 사람이 자신의 모습을 보호하도록 돕는 중요한 권리입니다.

디지털 환경에서는 저작권과 초상권이 동시에 작용해요. 여러분이 친구와 함께 찍은 사진을 소셜미디어에 올릴 때를 생각해 볼까요? 사진의 저작권은 사진을 찍은 사람에게 있지만, 초상권은 사진에 등장하는 친구에게 있어요. 친구의 허락 없이 그 사진을 공개하는 것은 초상권 침해가 될 수 있습니다.

나의 모습이 보호받아야 하는 것처럼 다른 사람의 모습도 보호받아야 해요. 내가 공유하는 미디어 자료에, 누군가의 초상권을 침해할 만한 사진이나 동영상이 포함되지 않았는지 살펴보는 일이 중요합니다. 또한 친구가 처음에는 자신의 모습을 공유하는 것을 동의했다 하더라도, 나중에 원하지 않는 경우가 생길 수도 있어요. 그럴 때는 초상권을 지킬 수 있도록, 게시물에서 친구의 얼굴을 가리고 공유하거나 게시물 공유를 중단해야 합니다. 우리는 디지털 공간에서 다양한 미디어 자료를 수용하고 생산하는 만큼, 자신과 다른 사람의 권리를 침해하지 않도록 조심하는 자세를 가져야 해요.

미디어 자료의 제작 과정을 성찰해요

미디어 자료 공유하기

지금까지 미디어 자료를 생산하고 공유할 때 알아야 할 권리와 책임을 살펴봤습니다. 미디어로 소통하는 과정에서, 그러한 권리와 책임에 대해서는 지속적으로 점검해야 해요. 우리가 공유한 미디어 자료는 디지털 공간에서 다양한 사람들이 접할 수 있어요. 디지털 공간에 게시한 미디어 자료는 몇 년의 시간이 지나도 사람들에게 영향을 미칠 수 있다는 점을 기억해야 합니다. 우리는 디지털 공간에서 공유한 미디어 자료에 책임감을 가져야 해요. 그 자료가 사람들에게 어떤 영향을 미치는지 확인하고, 그에 따라 미디어 자료를 관리하는 일이 필요합니다.

미디어 자료를 공유하는 것은 여러 가지 이유로 중요합니다. 우리가 알고 있는 유용한 정보를 친구들과 나누면, 그 친구들도 더 많은 것을 배우고 성장할 수 있겠지요. 좋은 공부 자료나 유익한 동영상을 추천하면, 서로에게 도움이 될 수 있습니다.

또한 미디어 자료를 공유하는 것은 창작자의 권리를 존중하는 수단이기도 해요. 많은 사람들이 자신이 만든 콘텐츠가 널리 공유되기를 원합니다. 우리가 정당하게 창작자의 작품을 공유하면, 창작자에 대한 대중의 관심이 높아질 수 있어요. 이를 통해 창작자가 더 많은 창작 활동을 할 수 있는 환경이 만들어집니다.

다른 사람이 생산한 미디어 자료를 공유하는 것뿐만 아니라, 우리가 직접 제작한 미디어 자료를 공유할 수도 있어요. 내가 제작한 미디어 자료를 공유하는 것은 미디어를 통해 세상과 소통하는 과정에 참여하는 일이에요. 미디어 자료에 담은 나의 생각을 사람들이 어떻게 받아들이는지 확인하고, 이야기를 주고받으면서 생각을 확장할 수 있습니다.

수용자의 반응 확인하기

미디어 자료를 제작하고 공유하는 과정에서, 수용자의 반응을 고려하는 일은 매우 중요합니다. 수용자란 우리가 만든 미디어 자료를 이용하는 사람들이에요. 내가 제작하고 공유한 미디어 자료에 수용자가 어떤 반응을 보일지 고려하며, 미디어 자료를 제작하고 공유해야 해요. 또한 공유한 미디어 자료에 대한 수용자들의 반응을 확인하며, 적극적으로 소통하는 것이 필요합니다.

수용자의 반응을 통해서, 사람들이 내가 생산한 미디어 자료를 어떻게 이해하는지, 어떤 부분에서 흥미를 느끼는지, 어떤 점에서 나와 다른 생각을 하는지 등을 확인할 수 있어요. 이를 통해, 미디어 자료를 제작하는 과정에서 내가 의도한 점이 미디어 자료에 잘 드러났는지 확인할 수 있습니다. 나아가 앞으로 제작 의도를 보다 효과적으로 전달하는 미디어 자료를 완성하는 데 도움을 얻을 수 있어요.

미디어 자료 관리하기

자료를 공유하는 것만큼이나 중요한 것이 바로 자료를 관리하는 일이에요. 미디어 자료를 공유한 시점에서는 타당한 내용과 적절한 표현을 갖췄더라도, 시간이 지나면서 미디어 자료에 대한 평가가 달라질 수 있어요. 관련된 상황이 달라지거나, 새로운 사실이 등장하기도 하지요. 또한 사회 문화적 인식이 달라질 수도 있고요.

그런 경우, 변화된 상황을 반영하여 기존의 미디어 자료를 수정하거나 새로운 미디어 자료를 공유하는 것이 필요합니다. 때에 따라서는 공유한 미디어 자료를 삭제하는 편이 적절할 수도 있겠지요.

제작 과정 성찰하기

미디어 자료를 제작하고 그 과정을 성찰하는 태도는 매우 중요합니다. 우리가 제작한 미디어 자료에 대한 사람들의 반응을 살피고, 스스로 적절성을 점검하면서 미디어 자료 제작 과정을 성찰하는 일이 필요해요. 그러한 성찰의 과정을 통해 책임감 있는 태도로 미디어 소통에 참여했는지 확인하고, 미디어 소통 능력을 발전시킬 수 있습니다.

　미디어 제작 과정에 대해서, 친구들에게 의견을 듣거나 점검 항목을 통해 스스로 성찰할 수 있어요. 자신을 성찰하는 과정은 한 번에 끝나는 일이 아닙니다. 새로운 미디어 자료를 제작하고 공유할 때마다 소통 윤리를 잘 지켰는지, 소통 목적에 적절하게 미디어 자료를 제작하고 공유했는지, 사람들과 적극적으로 소통했는지 등을 성찰하는 일이 필요해요. 이를 통해 디지털 시대의 시민으로서 성장해 나갈 수 있습니다.

미디어 제작 과정 성찰을 위한 점검 항목

- 소통 목적에 적절한 미디어 자료를 제작했나요?
- 협력적 태도로 미디어 제작 과정에 참여했나요?
- 소통 공간의 특성을 고려하여 미디어 자료를 공유했나요?
- 수용자의 반응을 확인하며 적극적으로 소통했나요?
- 미디어 자료에 대한 사람들의 반응을 고려하여 미디어 자료를 관리했나요?

다른 친구들과 함께 미디어 자료를 제작했다면, 협력적으로 그 활동에 참여했는지 성찰해야 해요. 책임감을 지닌 채 자신이 맡은 역할을 수행했는지 점검하고, 제작 활동을 하면서 친구들과 효과적으로 소통했는지 살펴봅니다. 특히 제작 과정에서 어떤 문제를 겪었고, 어떻게 해결했는지 되돌아봅니다. 그러면서 앞으로 미디어 자료를 제작할 때 개선해야 할 부분이 무엇인지 생각해 봅니다.

미디어 소통은 서로의 생각과 감정을 나누고, 서로를 이해하는 데 매우 중요한 역할을 해요. 지금까지 우리는 다양한 미디어를 통해 효과적으로 소통하는 방법을 배웠습니다. 디지털 소통 공간의 특성을 이해하고, 상대를 존중하며 미디어 소통에 적극적으로 참여해 봅시다. 여러분의 목소리를 담은 미디어 소통이 세상의 변화를 이끌어 낼 수 있어요. 앞으로의 소통이 더욱 풍부하고 의미 있게 되기를 바랍니다.

이것만은 알아두세요

미디어 소통에서의 권리와 책임	표현의 자유	자신의 생각과 감정을 자유롭게 표현할 수 있는 것
	디지털 발자국	게시물, 댓글, 검색 기록, 접속 기록 등 인터넷과 디지털 기기를 사용하면서 남기는 모든 흔적
	저작권	생산자가 자신이 만든 창작물에 대해 가지는 권리
	초상권	개인의 얼굴이나 모습을 디지털 공간에서 무단으로 사용하지 못하도록 보호하는 권리

성찰하기	− 스스로 미디어 자료의 적절성을 점검하기 − 제작한 미디어 자료에 대한 사람들의 반응 살피기 − 미디어 제작 과정 성찰하기

풀어볼까? 문제!

1. 다음이 설명하는 미디어 소통의 권리와 책임을 써봅시다.

(   ): 내 얼굴이 나온 사진을 허락 없이 사용하지 못한다.

(   ): 의도하지 않아도 내가 검색한 기록이 남을 수 있다.

(   ): 허락 없이 다른 사람의 창작물을 이용하면 안 된다.

2. 다음 설명 중 옳은 것은 O, 틀린 것은 X로 표시해 봅시다.

① 온라인으로 공유한 자료는 수정하거나 삭제하면 안 된다. (   )

② 미디어 자료에 대한 사람들의 반응을 확인하며 소통해야 한다. (   )

③ 미디어 자료를 공유할 때는 소통 공간의 특성을 고려해야 한다. (   )

3. 다음 빈칸에 들어갈 말을 써봅시다.

우리는 자신의 표현이 다른 사람에게 영향을 미칠 수 있다는 점을 기억하고,
다른 사람을 (   )하며 자신의 생각을 표현할 수 있어야 한다.

정답

1. 초상권, 디지털 발자국, 저작권

2. ① X, ② O, ③ O

3. 존중

한 번만 읽으면 확 잡히는
중등 미디어 문해력

2024년 11월 1일 1판 1쇄 펴냄

지은이 | 정형근 · 이귀영
펴낸이 | 김철종

펴낸곳 | (주)한언
출판등록 | 1983년 9월 30일 제1-128호
주소 | 서울시 종로구 삼일대로 453(경운동) 2층
전화번호 | 02)701-6911 팩스번호 | 02)701-4449
전자우편 | haneon@haneon.com

ISBN 978-89-5596-957-3 (43300)

만든 사람들
기획 · 총괄 | 손성문
편집 | 한재희
디자인 | 이화선
일러스트 | 이현지

한언의 사명선언문

Since 3rd day of January, 1998

Our Mission　－ 우리는 새로운 지식을 창출, 전파하여 전 인류가 이를 공유케 함으로써
인류 문화의 발전과 행복에 이바지한다.

－ 우리는 끊임없이 학습하는 조직으로서 자신과 조직의 발전을 위해 쉼
없이 노력하며, 궁극적으로는 세계적 콘텐츠 그룹을 지향한다.

－ 우리는 정신적·물질적으로 최고 수준의 복지를 실현하기 위해 노력하
며, 명실공히 초일류 사원들의 집합체로서 부끄럼 없이 행동한다.

Our Vision　　한언은 콘텐츠 기업의 선도적 성공 모델이 된다.

저희 한언인들은 위와 같은 사명을 항상 가슴속에 간직하고
좋은 책을 만들기 위해 최선을 다하고 있습니다.
독자 여러분의 아낌없는 충고와 격려를 부탁드립니다.
· 한언 가족 ·

HanEon's Mission statement

Our Mission　－ We create and broadcast new knowledge for the advancement and
happiness of the whole human race.

－ We do our best to improve ourselves and the organization, with the
ultimate goal of striving to be the best content group in the world.

－ We try to realize the highest quality of welfare system in both
mental and physical ways and we behave in a manner that reflects
our mission as proud members of HanEon Community.

Our Vision　　HanEon will be the leading Success Model of the content group.